정화삼

충남 성환 출생(1942)
해병대 병장 만기전역(1965)
한국방송 통신대 경영학 수료(1980)
공직 퇴직(1995)
『저널문학가 동행』 2호 수필 부문 신인상 수상(2022)
『단풍 물든 노신사의 풍류 노트』 발행(2023)
수정샘물문학회 회원

강서FM 마을 방송 '팔분의 어깨 위에 털썩 앉아', '강서구 소식 알리미', '거북이 일기' 등의 코너를 운영하며 노익장을 과시하고 있음

약력이라는 건 어제까지 살아온 발자취일 뿐, 모두 세월 업혀 보냈음
덤으로 사는 팔분의 인생길이 첫 발자국이기를 고집 한다

오로지 오늘이 존재할 뿐
숨을 쉬는 공기가 나를 미워라고 등을 떠미는 날까지가 나의 약력이다

## 수필 2집을 출간하며                    정화삼

  천정에 형광등이 깜박거린다. 건망증을 닮았다. 살아온 세월이 너무 길었나 횟수가 늘어만 간다. 하나를 놓고 돌아서면 둘을 잃기도 한다. 몸이 아파하는데 마음이 울고 있다. 조급한 마음은 분별없이 재촉을 했었다. 매사에 침착을 잃지 않으려 하는 나의 삶에 레드줄을 그었다. 수필 2집 출간에 넋을 잃었다. 조바심을 벗어나지 못하고 서두는 이유를 알 것도 같다. 깜박이는 건망증으로 행여나 기적소리 멈출 수 있겠다는 불안한 마음이었다. 자신감을 잃고 생겨난 노파심의 부작용일 수도 있었다.

  떠도는 세월 잡고 수필 1집을 펴냈을 때도 앉아 싱글 서서 벙글 화사한 웃음꽃은 봄날의 연속이었다. 그대로를 만족하며 편히 쉬고 싶기도 했다. 마음의 갈등은 2집을 쓸까 말까를 고민했었다. 이정표에 물어보았다. 화살표 외길을 보일 뿐이었다. 그래 가보자 숨이 자지러들 때까지다. 힘겨운 일을 쉽게도 결정을 하고 조바심을 냈었다.

  배움의 시간에는 어지간히 부지런을 떨었다. 그렇다고 먹고 즐길 시간까지 빼앗기지는 않있다. 눈 뜨면 재촉하고 눈감으면 꿈을 꿨다. 잠들면 밤이고 눈뜨면 낮이었다. 밤과 낮이 따로 있을 수가 없었다. 어느쯤에 왔을까, 하얀 종이 위에 그려진 눈망울이 반짝 빛나는 아기 눈을 닮아 예뻤다.

　환희의 순간이다. 수필 2집이다. 눈을 떠 나를 본다. 황홀한 가슴에 얼굴을 묻었다. 하늘 나는 새가 되어 준령 위에 앉았다. 백발 머리 신선의 마음이다. 가슴 벅찬 기쁨을 만끽한다. 황혼 물든 내 인생에 남겨진 황금보다 더 귀한 보물이다. 분신의 그림자처럼 남겨진 수필 1.2집은 흔적으로 남아 씨 뿌려 가꾼 열매들과 속세에서 맺어진 인연들에게 영원을 노래할 것이다.

　엄지척 떠오르는 스승의 자애로운 미소다. '동행' 문학을 창조한 문학박사 이수정 교수님이다. 언제라도 보채는 늙은이의 희망을 보듬어 주는 자상함에 용기를 잃지 않았다. 때로는 따끔한 회초리가 종아리를 아프게 할 때도 있었다. 뜻깊은 기쁨의 자리에 설 수 있도록 열과 성을 다한 가르침의 그 얼굴을 우러러본다. 한 길 내 키 비해 억수로 높아만 보인다. 덕분에 아슬한 먼 길을 빨리도 달려왔다. 아직은 꿈만 같은 생시로 기쁨을 만끽한다.

　존경합니다.
　고맙습니다.

감사합니다.
사랑합니다.
더 이상의 존칭어를 표현하고 싶어도 찾을 수가 없다. 빚지고는 못 사는 나에게 두고 갚아야 할 빚을 덜컥 남겨주었다.

인연들 모두 불러 앞마당에 멍석 펴고 장구치고 북을 칠 것이다. 넘실대는 초조했던 잔 속에 어른대는 2집의 얼굴이다. 흐릿한 젊음이 조금은 비틀대고 있어도 황홀한 향기에 흠뻑 젖는다. 내 생에 가장 으뜸인 흔적을 남긴다. 인생의 종착역을 알리는 기적소리 어렴풋이 들려온들 아무런 여한도 없다. 부질없이 날뛰던 조바심을 재우려 한다.

뒷머리가 간질댄다.
빛바랜 저녁노을 홍시 물든 얼굴이다.

## 눈물

눈을 떴다

봄눈이
앙상한 가지에 앉아 훌쩍인다
겨울이 준
안녕이란 그 말 때문에

# 몽니

푸르게 푸르게 올라가는 나무
누르게 누르게 늙어가는 노신

그래서
뭘 어쩌라고

저 푸름에 시샘을 한다

## 수작도 사랑 인양

수줍은 함박웃음 예쁜 줄은 아는 갑 녱
임자 있는 몸인데 우짜들 이런 다요
사랑도 모르는 바보 단물 쏘옥 쪽쪽쪽

내 사랑 호랑나비 남의님에 기웃 하나
한눈팔다 되 오는 길 건망증에 주었는감
목석도 아닌 내 입술 콩닥이는 방망이질

수작도 사랑 놀음
앗 뜨거라 훨훨훨

人

싸늘한 땀의 흔적 짙게 배인 빈몸
이젠
사랑의 되물림 받혀둔 작대기가 밀고 있다

당신에게 기댄다

# 황혼은 시들지 않는다

정화삼 수필집

즐거움과 행복이 가슴 가득 채워진 최고의 순간을 만끽하는 중이다. 황혼 물든 꽃길만 걸으련다. 움켜쥔 두 주먹을 활짝 펴고 모두를 존경하고 예뻐한다. 아쉽다 푸념하는 목소리까지도 보듬어 준다.

-「저 준령에 서고 싶다」에서

# 황혼은 시들지 않는다

정화삼 수필집

수정샘물

# 1부

월정사 고사목 … 23

12월의 신호등 앞에서 … 29

가는 길 어눌해도 … 35

뒷머리가 아리다 … 40

숨 … 45

황혼을 노래한다 … 49

어느 죽음 앞에서 … 53

| 차례 |

## 포토시

눈물 ... 6

몽니 ... 7

수작도 사랑 인양 ... 8

人 ... 10

# 2부

황혼은 더 시들게 없다 … 61

호박꽃도 꽃이다 … 65

그 날이다 … 69

시든 가지 꽃피울 날을 … 73

황혼의 지혜다 … 79

여행이라는 이름으로 … 85

소슬바람 불어오니 … 92

어디쯤 서성일까 … 96

# 3부

까치 소식 … 105

흔적을 남긴다는 것은 … 109

지금의 나는 … 115

찔레꽃 가뭄 … 119

눈 덮인 길 위에서 … 122

안 돈바리 … 127

핑계 그리고 쉼터 … 134

황혼의 길목에서 … 139

# 4부

오지랖이 넓다 ... 147

人(인생) ... 151

어떻게 참으셨습니까 ... 156

바람 부는 길 따라 ... 161

팔분의 책장을 넘기면서 ... 167

돌아온 약속 ... 173

발목을 잡힌 순간에도 ... 178

그때는 그랬다 ... 184

## 5부

숨 쉬는 공장이다 ... 191

저 준령에 서고 싶다 ... 197

수동 휠체어 ... 201

한강물에 발 담그고 ... 208

영구 임대주택 ... 213

술 병病이 곤두서다 ... 218

마음의 문을 열고 ... 222


**해설** 이수정
황혼에 든 고사목의 여백과 관조의 미학적 독백
　　－정화삼 수필의 진폭 ... 227

1부

# 월정사 고사목

　오대산 월장사 전나무 숲길이다. 울을 만든 조각구름 사이로 얼굴만 빼꼼하다. 금강교 밑으로 돌 굴리는 잉어들의 귀간지는 소리는 생을 사랑하는 여인의 마음이다. 방생으로 싱싱한 잉어들의 숨 쉬는 천국이다. 육백 년 한 세월에 생을 속세에 모두 주고 허리가 꺾인 채 코를 박고 있는 외로운 죽음을 보았다. 아쉬움이 남았는가 땅에 묻히기는 싫은가 보다. 영혼은 구천을 헤매는 듯하고, 바람만이 오가는 길손들의 상주가 된다. 가슴이 텅 비도록 파먹힌 그 아픔을 어찌 참아냈을까? 병들어 치료할 주사도 침도 없고, 약도 없었을 텐데 아프다 말 못하고 참아낸 육백 년의 세월의 아픔을 우러러본다.

　인생 반백 년도 못살고 건강 잃고 허덕이는 나의 어리석음을 본다. 무던히 마셔 대고 피워 댔나. 지고는 못가도 마시고는 가는 게 술이었다. 동이 가득 넘실대도 남기는 법은 없었다. 담배는 술안주로 꼭 붙어다녔다. 어리석고 무책임한 행동의 말로였다. 오히려 병이 나지 않았다면 그게 더 이상했을 것이다. 안일한 생각으로 내가 만든 덫에 걸려 발버둥을 쳤다. 가족들에게 걱정거리만 안겨줘 동네가 시끄러웠다. 건강을 잃고 난 후에 다시 잡으려는 어리석은 안간힘에 미련을 두었다. 답답한 기침 소리는 젊음을 시샘하는 아픔이 나에게 외쳐대는 후회의 목소리였다. 오래 묵어 덕지덕지 묻은 고통의 때를 닦고 벗어나려 했다.

삼십 대부터 시작한 버릇이었다. 불혹의 나이가 기울도록 버리지 못했다. 주전자는 쉬라하고 동이 술이 제격인 줄만 알았다. 짝지에게는 언제라도 핑계가 거미줄처럼 엉켜 있었다. 무슨 돈으로 마시는지 궁금해했다. 열 번을 먹으면 일곱 번은 얻어먹었다는 핑계다. 동이 술을 퍼먹고도 집은 잘 찾아왔다. 꼬집어 비틀어도 티를 내지 않았다. 어쩌다 만취로 남의 어깨를 기대고 오는 날은 빗자루도 춤을 추었다. 곁들여 안주처럼 따르는 담배였다. 그때는 순하고 부드러운 맛을 가진 백양이 내 입맛에 딱이었다. 필터를 처음 달고 나타난 멋쟁이 아리랑을 입에 물고 먼동 쓸기에 바빴다. 하루에 세 갑씩 태우는 연기가 코가 막히도록 불을 땐 적도 있다. 까만 니코틴이 폐를 감싸 기침도 가래도 들끓어 멈출 줄 몰랐었다. 넘치면 독이 되니 줄이라는 단골 의사의 권고도 귀 밖에서 맴돌 뿐 몸에 밴 고집을 막을 수가 없었다. 임시변통으로 약으로 달래다가 병만 키웠다.

 간에서부터 기별이 왔다. 화가 치밀어 누렇게 얼굴색이 변해 황달이 왔다. 앉으면 꾸벅 조는 게 인사였다. 먹은 것 없는 칫솔질에도 헛구역이 예사였다. 자력으로 버티기 어려운 지경까지 왔다. 더 이상 물러설 곳도 없었다. 중앙대 부속 용산 병원에 입원했다. 종합검사라는 이름으로 온몸 상태를 구석구석 헤집어 보았다. 만성 간 질환과 폐질환 증상이 뚜렷했다. 당장 시급한 게 간 조직검사라 했다. 조직 검사를 받으라는 의사의 진단에 짝지의 한숨 소리가 깊어만 갔다. 그 시절 조직검사의 결과는 십중팔구 불치병일 확률이 높았다. 영원한 쉼터로 직행할 가능성도 배제할 수 없었다. 마시는 만큼씩 명을 재촉한다고 했다. 곁에서 듣고 있던 짝지의 귀가 성할 리가 없다. 술냄새만 맡아도 잔소리로 시작해서 눈 흘김으로 끝을 낸다. 담배 연기도 회초리를 맞았다. 그보다 더 두려운 게 있었다. 두 날의 근심 어린 해맑은 눈이다. 내가 저지른 잘못 때문에 예쁜 눈에 눈물을 보게 할 수는 없었다. 언제까지라도 튼튼한 울타리가 되리라는 다짐은 변하지 않았다.

 한발 늦은 후회다. 살아남아야 한다. 뇌리를 스치는 다짐은 시퍼런 칼날 위에 무 자르듯 춤을 춘다. 잡은 술동이가 부서지는 천둥소리에 눈을 뜬다. 니코틴의 원흉인 아리랑도 짓밟았다. 노력하면 이루어진다는 진리를 믿고 싶었다. 술은 그런대로 회수와 양을 줄일 수는 있었다. 담배는 작심삼일로 갈팡질팡이었다. 그러기를 반복하다가 검지와 중지 사이의 누렇게 물든 담배 염색을 말끔히 씻어 낼 수 있었다. 담배를 끊고 얼마 후부터 가래도 기침도 멈추는 거짓말 같은 기적을 얻었다.

 그때의 후유증으로 생긴 폐암의 흔적을 지금까지도 주기적으로 살피고는 있다. 애써 살려 놓고 앞서간 짝지는 아픔도 슬픔도 모두를 내려놓고 내 마음이 머무는 자리에서 핑계를 대고 있다. 말술 뒤에 숨은 됫박 술에 취했고, 꼬불치던 담배 연기에 나도 폐를 망쳤다는 하소연이다. 귀에 들리지는 않아도 내 양심이 떨고 있다. 가끔은 가족 사진틀 속에 앉은 얼굴을 보듬으며 천정을 보는 멍하니가 된다. 욕망도 가진 것도 내려놓으니 홀가분한 마음이다. 황혼의 블루스 스텝을 밟아가는 발걸음도 느긋하다. 동이 술 핑계가 없으니 잔소리도 숨었다. 좋아하는 쉼터 찾아 다리 펴는 곳이면 콧노래를 부른다.

 지난해 봄이다. 타오르는 진달래꽃 흐드러진 오대산 월정사 계곡 따라 바람 업혀 발자국을 세며 갔다. 월정사 전나무 길에 육백 년 나이테를 속세에 보시하고 허리 꺾여 누운 월정사 고사목을 만났다. 바람이 상주되어 슬피 운다. 속은 텅 빈 상처의 아픔에도 겹을 두른 껍질은 흩어지고 앙상한 뼈만 남았다. 죽어서도 떠돌이 다람쥐의 쉼터가 되어 주는 아량을 베풀고 있다.

 몽롱한 저승의 문턱에서 사천왕의 부릅뜬 눈을 보았다. 무섭고 떨렸다. 당장 돌아가 받은 만큼 베풀고 다시 오라는 일갈이다. 살아있는 갈퀴손이 뼈만 남은 고사목의 아픔을 보듬어 준다. 나는 숨을 쉬고 있다. 멈추는 순간을 자로 잴 것 없다. 재본들 길이를 알 수가 없다. 그것을 아는 찰나까지다. 그때는 너두 그렇고 나도 그렇다.

월정사 고사목

담소 마루에 엉덩이를 기댄다. 등걸이에 걸머진 오래 묵은 책장도 넘겨 본다. 홀로 별을 세는 황혼의 맛도 달콤하다. 후회 뒤에 오는 가슴 벅찬 환희의 기쁨이다.

넘침도 부족함도 없다. 속이 꽉 찬 열매들 손을 잡고 짝지의 문패 앞에 줄을 서는 날에는 절로 어깨가 으쓱한다. 온 동네가 꽉 채워진 느낌이다. 할아버지로부터 손주까지 손을 잡고 한 울타리 안에서 변명을 한다. 정말 잘하고 싶었다고, 마음은 고요하고 평화롭다.

영원한 삶의 무덤이다.

# 12월의 신호등 앞에서

 성큼 다가선 겨울이다. 계절이 바뀌는 환절기에는 행동이 느려지고 마음은 바쁘다. 엊그제 대설이 옷깃을 슬쩍 여민다. 수은주 콜록 소리가 소슬바람에 뺨을 내주고 길을 잃고 방황하는 낙엽은 나비 등에 앉았다. 가장 낮은 곳에서 서로를 부둥켜안고 있다. 자연의 조화는 오묘하다. 오가는 사계가 또렷하다. 오는 청룡靑龍 가는 토끼兎의 발목을 잡고 잘 계시오 잘 가시오 작별 노래를 부른다.

 황혼의 머리에 서리꽃이 활짝 폈다. 덤으로 가는 노을 인생의 그림자가 길다. 묵직한 나의 인생을 걷어지고 팔십의 언저리를 맴도는 두 어깨에 무던한 참을성이 남아 있다. 장하고 거룩하다. 세월 밀려 기울기는 했어도 기세는 꺾일 줄 모른다. 젊음의 희망도 해맑게 머물고 있다.

 파란 하늘을 머리에 이고 춤을 출 때는 언제나 청춘이기를 바랐다. 그런데 이제는 아낌없이 나눠 주고 훌훌 벗은 고목이 되었다. 철 따라 오가는 길을 한발 앞서 돌아오는 꿈을 꾼다. 남은 시간을 셈하며 욕심을 아낀다. 또 하나의 나이테가 덧셈으로 허리를 휘감아 돈다. 모두를 털어내고 알몸이 되었어도 숨 쉬는 순간을 기쁨이라 말한다. 황혼빛의 향기에 젊음으로 착각한다. 가슴 벅차오른다.

　엄지척 한해가 우뚝 선다. 수정문학회 동행 3호지가 왕방울 눈을 떴다. 넓은 세상을 품어 안는다. 스치는 눈길이 힐끗 나를 바라본다. 그 깊이를 잴 수가 없다. 용기를 가지라는 격려의 채찍인 듯 가슴이 짠하다. 속이 꽉 찬 튼실한 글들이 빛난다. 갈수록 넘쳐 나는 희망이 용솟음친다. 감탄사가 절로 나온다. 상패를 품에 안은 그들의 얼굴에서는 미소가 예쁘다. "추카추카" 목청을 돋는다. 흥에 취해 나오는 목소리다. 흐릿한 나의 존재에 이렇게 자리를 마련해 주었다.

　희망을 속삭이는 인연들이 오라는 손짓에 신이 났다. 별을 세는 밤에 종종걸음으로 흥을 내었다. 내어주는 어깨가 그리웠다. 언제라도 나의 어깨를 빌려주고도 싶다. 기댈수록 포근한 사랑이 가슴을 열어 준다. 지팡이가 앞서서 뜀박질을 한다. 간절한 나의 꿈이 이루어질 날을 고대하는 기린 목이 된다.

 등 떠미는 세월 탓일까. 가끔씩 으슬으슬 몸의 컨디션이 아슬아슬하다. 대설이 등 돌리고 나서 처음 오는 영하의 날씨였다. 휙 지난 바람에 첫눈이 날렸다. "와, 눈!"이라고 외친 사람보다 보지 못한 사람이 더 많다. 뜨내기 먹구름이 햇볕의 눈을 가리고 산발했다. 푸들도 꼬리를 살랑거리며 하늘을 멍하니 보고 있다. 멀쩡한 낮도깨비에 홀린 눈이 눈을 보았다.

 늘 하던 습관에 수년 동안 길들여졌다. 눈비에 젖는다는 핑계에도 새벽 걸음을 거르지 않았다. 밤새 쌓인 낙엽들이 볼 부비고 미끄럼을 탄다. 그게 샘이 나서 흉내를 내본 것은 아니었다. 발목이 비틀거렸다. 무엇이 문제였을까? 왼쪽 발목과 오른쪽 무릎이 눈물을 찔끔거리며 엄살이다. 가던 걸음을 멈추고 담소마루에 앉아 아프다는 곳을 달랜다. 조금은 부드럽다. 체력의 한계인가 보다. 급격한 기온 차로 체력이 떨어지면 마음도 뒤따라 흔들린다. '하지만 그쯤이야하고 젊음인 줄 착각을 했다.

  한해가 삼백육십오 일라는 것을 알면서도 모른 체 했다. 등 보이고 가는 초라한 너를 차마 보기 싫었다. 토끼해의 마지막 얼굴 십이월이다. 젊은이들은 서른한 날 중에 열 한 날 잠자고 스무날만 달려도 할 일들을 잘도 풀어 간다. 그런데 나는 그럴 겨를이 없다. 서른 한날 고삐 쥐고 뛰어 본들 한해살이 마무리가 늘 허전하다.

  들국화가 입술을 물고 억새꽃이 하늘을 난다. 수은주가 곤두박질이다. 콜록이는 기침소리에 마스크도 떨고 있다. 소슬바람이 몰아쳐도 꺾이지는 말자 하고 허리 굽은 고목이라도 나는 행복했다. 훅하는 맨땅에 코 깨지는 아픔이 저려와도 툭툭 털고 하늘을 본다. 처마 끝 고드름에 손이 시리다. 호호 분다. 구름 앉은 눈송이도 펄펄 예수님 오신 날을 손뼉 치며 환호한다. 화이트 크리스마스다.

  가양동 성당 교우들이 한마음이 되었다. 갈고닦은 숨은 장기를 아낌없이 발휘하는 성탄 전야 축제였다. 구역 단위로 팀을 만들어 경쟁을 했다. 우수한 팀에 주는 상금도 두

둑했다. 화기에 넘치는 기쁨들이 아름다웠다. 내가 속한 구역은 3등을 했다. 축하의 박수를 아끼지 않는다. 금년 성탄절에는 전에 없던 새로운 계획이 돋보였다.

 올해의 계획에서 머뭇거리다 놓쳐 버린 꿈을 깨워본다. 유월에 태어난 너의 뒤를 이을 꼬두라미 동생 말이다. 숨찬 고개를 넘는 시작이 초라하다. 찬비 맞고 움츠린 낙엽들의 속삭임을 귀담아 듣는다. 발 없이 천 리 뛰는 듯 야속한 흔적이다. 황금빛 물결 풀어 가슴 헤친 토끼는 새촘하게 돌아앉았다. 주워 담은 꼬깃한 글꼬리도 투정을 한다. 아슬아슬 돌고 도는 수레바퀴. 먼동이 잠을 깨우면 어둠 쓸던 가로등도 눈을 감는다. 손끝을 스쳐가도 잡을 수가 없다.

 눈을 뜨면 카톡에 어른대는 청초호 친구의 맑은 소식이 한강물에 어른대며 보고 싶다 말한다. 세월의 시새움은 재촉하지 않아도 절로 찾아 든다. 끌어주는 앞바퀴 밀어주는 뒷바퀴의 동행으로 손을 잡고 싶어서 한강에서 청초호까지 그리움의 길을 닦는다.

 토끼 해 어깨 위에 12월의 흔적을 남겨본다. 주절주절 중

언부언 글꼬리가 어수선하다. 홍시 물든 노을빛 얼굴이 별빛 속에 숨었다. 사거리 교차로에서 파란 눈을 기다린다. 반짝반짝 눈을 뜬 자동차들 둥지 찾는 발걸음도 분주하다.

 파란 신호등을 기다리며 저만큼 앞서가는 희망을 쫓는다.

# 가는 길 어눌해도

 스마트폰 한 화면이 축구장보다 넓고 아득하다. 수필을 써보려는 검지손가락은 공 굴리는 비틀걸음이다. 툭하면 골대를 벗어나는 헛발질이다. 촉새의 종종걸음은 황새 따라 고개를 넘느라 안간힘이다. 어깨는 처지고 오금도 저려온다.

 동짓달 소록소록 눈꽃 피는 소리에 손가락이 눈썹 털고 썰매를 탄다. 백설 위에 그려 놓은 서툰 발자국을 시샘하는 시린 바람 불어서서 여린 얼굴도 흰 눈 속에 묻어 버린다. 하얗게 질린 흔들리는 마음만 하늘 보는 멍하니가 된다. 내 곁에는 어둠을 쓸어내고 희망의 눈을 뜨게 하는 스탠드가 배꼽을 내밀고 있다. 똑하면 눈을 뜨고 딱하면 감는다. 고개를 들면 삼백육십도 회전으로 틈새를 밝혀 준다. 검은 심지 돋우고 기름 꼬리 태우던 등산불의 후손이다.

요즘 들어 생겨난 버릇이다. 천장 보는 방콕 생활이 건강에 좋을 리 없다. 게으름에 길들까 봐 틈만 생기면 부지런히 움직인다. 때로는 쉬고 싶다는 몸과 마음을 흔들어 깨운다. 가끔은 다리도 쉬어가자, 엄살이다. 화수분 젊음이 저만큼 앞서간 것을 깜박한다. 반짝이는 하루해를 등걸에 걸머진다. 가르침에 대한 욕심으로 남산에서 한강까지 하루 꼬박 발걸음을 재촉해도 듣는 귀가 어설프다. 손에 잡힌 미꾸라지 미끄럼을 탄다. 피식 김빠지는 소리다.

등걸에 걸머진 햇볕을 바람에 흘려주고 별을 세며 둥지를 찾는다. 하루해가 내게 준 선물이다. 어둠 가린 아파트 창문 열고 초저녁 불빛들이 도란도란 눈을 뜨고 있다. 자연이 준 하루의 짐을 벗는다. 어느새 저녁밥 공기를 놓고 빈손으로 돌아선다. 나른하고 달콤한 순간이다. 침대에 기댔나 했는데 벌름 코가 풀피리를 분다. 눈 깜짝 하루해가 파노라마가 되어 꿈속으로 돌아간다. 몸의 컨디션이 전해준 체력의 한계다.

습관이 꿈틀댄다. 어둠을 베고 누운 먼동은 아직도 꿈속이다. 별빛을 가로지른 가로등만 어둠과 겨루고 있다. 바스락 새벽 세 시 초침이 나를 불러 흔든다. 눈썹을 비질해도 먹물 삼킨 만상은 감은 듯 볼 수 없다. 머리맡 스탠드가 보듬어 주니 세상이 드러난다. 한밤에 유일한 나의 친구다. 함께 자고 일어난다.

 배우고 싶은 마음과 호기심이 많았다. 글쓰기를 소일거리로 생각하고 배우며 써보겠다는 마음은 시작부터 엉켜진 실타래였다. 그래도 될 것이라는 신념을 버리고 싶지 않았다. 빈 노트를 마주하면 마음의 안정과 포근함을 느꼈다. 지치고 조급하게 달려온 세월의 흔적이 고개를 들었다. 더듬고 되짚어 써본 것이 수필이 되었다. 배움의 순간에 잠시도 게으를 수가 없었다. 노력을 아끼지 않았다. 글을 읽고 쓰고 또 지우기를 수도 없이 반복했었다.

 삼 년이 흘렀다. 덕분일까. 황혼의 길목에서 상도 받고 자신감을 얻었다. 첫 수필집도 얼굴 들어 빛을 보았다. 아쉽기는 했어도 파도 타고 나는 갈매기의 마음이었다. 더 이상 바랄 것이 없을 것 같았다. 남은 생 모두를 내려놓고 가볍게 살자 했는데 더 하고 싶다는 욕심이 따랐다. 무슨 미련이 더 남았냐며 투덜대는 스탠드와 검지 손가락을 잠재울 방법이 없다.

가는 길 어눌해도

거친 파도 타고 돛단배 노를 젓는 사공이 된다. 매 순간 틈새를 헤집고 낚시를 드리운다. 고작 걸려든 것은 잔챙이들이다. 탁배기 잔에 어울리는 얼큰한 매운탕 거리는 되어도 싱싱한 대어의 회 맛으로는 아득하다. 그냥 놓아 버릴까 하는 고뇌에 찬 생각에 소스라친다. 멈추기에는 아쉽다는 푸념이다. 하면 된다는 다짐의 새싹이 봄을 부른다.

세월이 미는 만큼 일그러진 초상화를 일깨운다. 가는 길 어눌해도 반짝이는 별을 세며 모닥불을 살린다. 장작 태운 불두덩은 빨간 피멍이 물들었다. 글 꽃 피운 향기로 보듬어 주고 싶다. 땀방울에 엉글어진 나락처럼 고개 숙인 수필집 하나 더 품고 싶다. 황혼빛 시샘하는 노을 그림자가 발목을 쏙 잡으려 해도 멈출 수는 없다. 등 밀어 재촉하는 세월이다. 생각이 때때로 길을 잃고 헤맨다. 이정표에 물어도 답이 없다. 홀로 찾아야 하는 외롭게 가는 길이다.

먼 산은 안개에 가려 희미하다. 잎을 버린 나무들이 산등성이를 허리 감아 휘돈다. 눈 덮인 계곡을 질척이며 고개를 넘는 숨소리도 가파르다. 어둠은 슬그머니 내려와 산그늘에 감추고 모두를 삼켜 버린다. 동짓달 여윈 바람 가늘게 속삭이며 계곡 속으로 스며든다. 흔들리는 하얀 눈길에 이야기의 발자국을 새긴다. 거북이걸음이다. 준령을 바라보며 마음이 커진다. 갈 길은 멀고도 아주 높다.

한줄기 나이테가 살포시 이마 위에 앉는다.

# 뒷머리가 아리다

 쿵하는 방망이에 쥐어박혔다. 아픔 뒤에 오는 상처를 질끈 동여맸다. 아차 실수를 뉘우칠 쯤에는 뒤늦은 상처의 흔적만 남아 신음했다. 달아나려는 건강을 조금이라도 잡고 싶어하는 안간힘은 맑은 날 궂은 날을 가리지 않았다. 한강을 옆에 끼고 공암나루 공원 길에서 샛별을 깨우고 하루의 일과로 시작했다. 놓치면 벌금이라도 물을 까봐 멈출 줄 몰랐다. 가끔은 잔꾀를 부려도 보듬으며 달래었다. 시위 떠난 살처럼 빠른 나이테는 오가는 길 지팡이가 없어도 불편함은 없었다. 칠 년의 세월을 하루같이 이 길을 업어 준 덕인가 보다.

 껍질은 오래 묵어 검버섯이 피어났다. 콧김에도 흔들리는 귀밑머리 서리꽃도 만발했다. 따비밭 돌을 깨고 흙을 골라내던 손은 두꺼비 등을 닮았다. 세월에 밀려 비틀 대는 고목이 되었다. 우산 없이 비를 좀 맞는다고 해서 뼛속에

물이 숨어들 리도 없었다. 어쩌다 길을 가다 빗방울만 떨어져도 허둥거렸다. 장맛비 몰아간 틈새다. 하늘이 찌푸리기는 했어도 비가 올 것 같지 않았다. 멀쩡하다 싶은 하늘을 메운 매지구름이 머리 풀어 산발이다. 벼락치기 회오리바람은 순간에 모자를 벗겨 갔다. 성난 장대비는 움츠린 등을 강하게 밀어붙였다. 흔들리는 중심을 바로 잡을 수가 없었다. 틀에 박힌 빨리빨리 습관이 재촉을 했다. 서둘러 피한다는 것이 가로 걸린 돌 틈에 엉덩방아를 찧었다. 철퍼덕 생쥐 꼴이 되었다. 혼비백산이다. 비 가린 쉼터 긴 의자에 몸을 의지했다. 충격으로 엉덩이 관절이 엉엉 울고 있었다. 골절의 상태를 자각만으로 판단할 수가 없었다.

  발바닥이 욱신거렸다. 신을 벗고 상태를 확인했다. 오른쪽 엄지발가락 아래 굳어진 부분이 십원짜리 동전만큼 둥글게 찢겨 피가 흥건했다. 살이 터져 피가 흐를 때는 상처의 쓰림도 느낄 수 없었다. 갖고 있던 손수건으로 동여맸다. 지혈이 되는지 통증이 파고들었다. 입술을 깨물었다. 반은 절뚝이고 반은 기어서 집으로 왔다. 상비된 약으로 상처를 소독했다. 지혈을 위해 어설프게 상처를 싸맸다. 병원을 찾았다. 엑스레이 사진 속에 뼈에는 이상이 없고 타박상이었다. 이만하기 다행이라고 상처를 보듬어 주었다. 밤이 되니 통증이 더욱 보챘다. 진통 소염제를 먹은 효과인지 몽롱했다.

 작년 이맘때쯤이었다. 오십 줄이 넘은 두 딸과 생애 처음 셋 만의 단독 여행길에 올랐다. 영월에서 해안선 레일 바이크를 타려고 순번을 기다리며 대기 중이었다. 주변의 휴게실에서 차 한잔을 마시고 나오다가 쿵하며 엉덩방아를 찧었다. 잊을만하면 짓궂게 나를 넘어뜨렸다. 순발력도 달아나 어눌해졌다. 갈수록 상처의 회복도 길어진다. 두 달여 동안 고통을 감수해야 했다. 아이들이 성화였다. 거북이걸음으로 낙상에 조심하라고 수시로 잔소리다.

 며칠째 내린 비로 강물이 늘어나 한강변 산책길을 들어서는 초입부터 빨간 줄들이 길을 막았다. 퍼붓는 빗줄기에 닻을 잃고 방황하는 오리사공이다. 아기 오리 꽥꽥 엄마를 찾았다. 내가 걷는 산책길 옆 갈대 키를 훌쩍 넘는 물결 위에 둥실 떠돌았다. 분초를 넘나들며 위험 지역에서 대피하라는 방송이 꼬리를 잡았다. 매 순간 들려오는 기자의 다급한 목소리였다. 세상은 온통 물에 잠긴 듯했다. 고목은 뿌리째 산을 허물고 흙탕물 범벅으로 바윗덩이를 굴려대며 미쳐버렸다. 사람도 가축들도 집도 부서져 물에 떠내려가는 아수라장이다. 허술한 틈새를 스며드는 빗물이 야속했다. 폭삭 내려앉은 집터를 바라보는 마음들은 몸부림쳤다. 도울 수 없는 마음은 삽자루에 기대설 뿐 몸은 갈 줄 몰랐다.

 중복을 지나더니 수은주 삼사십도를 뻔질나게 넘나든다. 열대야가 몰려왔다. 민둥산의 개미 머리 박박 긁었다. 코비드로 격은 상처를 아직도 마무리하지 못하고 고통에 질척이는 사람이 많았다. 세월에 파먹혀 헐어진 고목이다. 시든 가지 생기 돋아 사랑이 어우러져 피어난 그늘이다. 개미들 땀을 씻겨주는 수건이고 싶다. 쉼 없는 고운 미소에 샛별도 눈을 뜬다. 키재기 나이들이 그늘 뵈고 멍석 편다. 젊은 시절 뻥튀기 소리도 게걸스럽다. 막걸리 트림도 벌컥댄다. 축 처진 세상인심 훨훨 나래 펴는 넉넉한 가슴이면 더욱 좋겠다. 먹힐 늣 이글대는 태양을 머리이고 부채도 잠든 바람 불러모은다. 나락도 익어들면 고개를 숙인다. 삼 소박 육박자 진양조 가락 맞춰 그러려니 살라한다.

 깊고 먼 터널 속이다.

덤으로 가는 인생은 자로 재고 무게 달릴 촌음의 여유도 없다. 아낌없이 품어주는 사랑하는 마음들이 그립다.
뒤늦은 실수와 잘못을 뉘우칠 쯤에는 뒷머리가 아리다.

늘 푸른 그늘 되어 숨 쉬라 한다.
그 이름 부를 때까지다.

# 숨

 눈을 뜨면 창문을 열고 아득히 보이는 먼 산을 보며 숨 쉬는 공기의 상태를 점검한다. 그 산의 이름조차 알지 못한다. 어떤 이가 관악산 정상이라 해서 그냥 믿기로 했다. 기상 캐스터가 아니지만 하루를 시작하는 방법이다. 요즘은 입춘이 속삭이며 봄을 부르고 있다. 양지에 난초 잎새 머리가 쏘옥 고개 들다가 애고머니 추워라며 자라목으로 숨는다. 어깨 두른 바람막이도 나의 틈새를 여미고 있다. 아무려나 코끝은 뻥 뚫린 터널 속처럼 상큼하고 달콤하다.

 문풍지를 흔들기에 새벽 까치님인가 싶어 내다본다. 땅고드름이 녹아 졸졸졸 토끼샘에 입 맞추고 노랑머리 새싹들이 나팔을 부는 소리이다. 귀를 여는 봄의 향연이 시작된 것이다. 시린 손을 호호 불며 세상 보고 싶어 하는 새싹들의 옹고집을 보듬는 마음이다. 봄은 아직 산수유꽃 노란 망울에 숨어있는데 세상 이치는 절로절로 굴러가고 있다.

삶을 태운 듯한 연기는 해맑은 봄을 시샘하려나 보다. 머리 풀어 분칠한 관악산 봉우리가 희뿌연 장막 속에 가려졌다. 짓궂은 불청객인 미세먼지 경보 사이렌이 요란스럽다. 바람도 구름 업혀 꿈속이다. 잔설이 녹을 때면 어김없이 나타나는 현상이다. 가뭄 든 목마름에 비를 기다리는 마음으로 빗물이 훅 씻기면 말끔한 얼굴이 다시 빛난다. 딱히 봄철에만 오는 불청객은 아니다. 계절에도 관계없이 수시로 찾아드는 손님이다. 무쇠솥 달구는 불꽃의 부피에 따라 수시로 변한다. 뿡뿡뿡 자동차의 방귀 소리도 한몫을 하고 있다. 모든 사람이 만들어낸 훼손이다. 마시는 공기 값을 톡톡히 치루는 셈이다.

아침이 오는 기척에 눈을 뜬다. 닫힌 문도 가슴을 연다. 밤이 남긴 어둠을 쫓아내는 가로등이 아직도 아파트 틈새를 깨우고 있다. 베란다의 창문을 연다. 남향 저 멀리 가지런히 누운 관악산 봉우리가 삐죽 얼굴을 내민다. 산 얼굴의 고운 미소가 보이면 맑고 청명한 날이다. 상을 찡그리면 보통이고, 눈을 뜨고도 안 보이면 나쁨이다. 일기 예보와 딱 맞아떨어진다. 미세먼지가 기승을 부리면 내 마음의 가슴도 답답하다. 숨쉬기 벅찰 때면 마스크도 일을 못한다.

성냥갑을 포개 놓은 듯 오밀조밀 아파트 십 오층 단지는 내 삶의 한 가운데다. 네모진 창들은 단면으로 나란히 손을 잡고 있다. 층 따라 불을 밝히고 주차장 틈새마다 빼곡한 차들도 하나둘 눈 비비고 일어난다. 하루를 시작하는 부지런한 발길이 분주하다. 북창을 열면 철썩이던 한강물 씻은 바람이 가슴에 와락 안긴다. 손짓하는 관악산의 미소가 맑고 또렷하다. 들이키는 숨소리도 싱그럽다. 습관처럼 길들여진 발자욱을 세며 간다. 어깨 기대 잠들었던 전나무 품에 아름으로 안긴다. 밤 지새운 별들이 흘린 눈물은 솔잎 맺혀서 싱그럽게 은구슬 초롱초롱 내 눈 속에 숨는다. 산다는 것이 호흡하는 것이다. 이 호흡이 멈추면 나의 길지 않은 생애도 끝이 날 것이다. 그래서 내게 호흡은 무척 중요하다.

올림픽 도로 자동차 경주장을 건너려 토끼굴을 지난다. 어둠 쓸어내리는 가로등 불빛을 업고 한강을 붙들고 간다. 정다운 연인들 뒷모습이 앞선다. 수천의 발자국을 새기며 방화 대교를 돌아선다. 궁산이다. 허리 감은 안개가 산 얼굴을 가리고 있다. 보듬고 싶어 양천향교 담장과 손을 잡고 걷는다. 새싹들이 방글대며 나를 반긴다. 산새들 노랫소리를 들으며 바람 사이를 비집는다. 사방이 확 트인 소악루에서 황홀한 태양을 가슴 가득 쓸어 담는다. 희망의 푸른 꿈이 이글거린다. 오백 미리 아리수를 병 채로 들이킨다. 만보길 산수 숙제를 풀어낸다. 다리는 아프다고 엄살을 부려도 마음은 싱싱하다. 좋은 생각만 하라는 불씨는 살아있다. 게으른 잿빛 마음 깨어나라는 종소리도 은은하다. 한달음 두 발자욱씩 웃음꽃이 만발이다. 숨을 쉬는 기쁨을 만끽한다.

노을이 져서 달이 기운다. 미련일랑 두지 말자. 허무한 아쉬움일랑 세월에게 주고 후회 없이 황혼의 꽃을 피운다. 그 향기 그윽하게 가슴에 안긴다. 이제는 삶의 무게에 짓눌린 두 어깨도 쉬도록 해주자. 주어진 순간을 만족한다. 여유로운 마음으로 순간을 감사한다. 낮은 곳을 바라보면 마음은 항상 풍요롭다. 변덕쟁이 날씨는 닮고 싶지 않다. 사는 게 숨 한번 크게 쉬는 것이니까.

나는 기상 캐스터가 아니다. 싱그러운 하늘이 좋아 닮아가려 한다. 관악산 봉우리의 얼굴을 보고 미세먼지의 움직임을 점을 치는 일, 하루도 멈추고 싶지 않다. 그게 내가 살아가는 일이니까.

# 황혼을 노래한다

 미르 해가 둥실 떠오른 지 금방인 듯한데 벌써 보름달이 기운다. 추위가 절정에 이른다는 대한大寒이다. 이름이 걸맞지 않게 날씨가 온화하다. 두툼하게 걸친 외투가 거추장스럽다. 토끼해 그믐달에 찾아든 추위에는 버금이 안 된다. 한강 물 꽁꽁 얼릴 근력도 늙었는가, 아이들 좋아하는 썰매 타기 행사도 시들하다. 시린 코를 강물에 담그고 둥실 노를 젓는 오리 사공을 보니 얼음판 썰매 타기는 굿바이인가 보다.

 신년 들어 처음 갖는 재경 친구들 모임 날이다. 한 해를 보내고 변함없이 눈보이는 벗님들이 건강하고 믿음직하다. 허리 굽은 소나무는 팔십 년을 살아도 고목 축에 못 들지만 사람으로서는 고풍스러운 친구들과 황혼의 노래를 나눈다. 칠십 대에서 팔분을 바라볼 때와는 몸도 마음도 사뭇 다른 느낌이 든다. 발걸음도 느려지고 생각도 어눌해진다. 기대하는 마음의 여유도 뒷짐을 진다. 눈을 떠 하늘 보며 숨을 쉬는 순간에 감사할 뿐이다.

 모란역 부근에 국가대표를 찾는다. 돼지고기 전문 무한 리필 음식점이다. 잔술 들고 회포를 풀어내는 목청 큰 고목들의 쉼터다. 왁자지껄 수선을 떨어도 나무라는 이 없다. 우리만 별난 게 아니다. 모두가 그렇고 그런 분위기다. 흠이 아니다. 수십 개의 테이블은 항상 성황리에 매진되어 좌석 잡기가 쉽지 않다. 사전 예약도 받지 않는다. 선착순이다. 늦으면 기다린다. 이삼 년 사이 외식 물가는 천정부지로 치솟았다. 엊그제 먹은 점심 한 끼 순댓국 값이 만천 원이었다. 이곳 역시 두 달 전부터 이천 원을 올렸다. 그래도 일인당 일만 육천오백 원이다. 입맛 찾는 할배들에게 인정 많은 식당이다. 맛있고 푸짐하다. 돼지 한 마리를 부위별로 가지런히 차려 놓았다. 오리 훈제와 차돌 삼겹살도 원하는 만큼이다. 곁들인 채소도 풍부하다. 나도 벗님들도 각자 입맛에 맞는다. 할배들의 모임 장소로는 딱 맞다. 흥취는 남아있어도 젊은 시절만큼 먹지 못한다. 그토록 좋아하던 술도 마음이 동하지 않는다. 몸의 자동 센서가 음식의 양도 술도 알아서 조절해 준다. 그토록 좋아하던 술도 몸이 거부한다. 그래도 분위기에 취하기에는 딱 맞춤이다. 발걸음을 끊지 않는 이유다. 먹고 마시는 양이 줄었어도 수더분한 가격에 편안함을 만끽한다. 한 말 술이 한 잔으로 줄었어도 '소주, 맥주 등 음료 균일가 이천 원'에 마음이 푸근하다. 괜스레 몇천 원을 번 기분이다. 아직 이런 곳이 있다는 게 신기하다.

 우리 벗님네를 이끈 것은 이곳 터줏대감 김 회장이다. 풍악을 즐기며 살아온 트로트 가수다. 멋을 아는 친구다. 꽈리 고추 시절에 고향 시냇가에서 능수버들 피리를 불며 물장구를 치던 개구쟁이 벗님들이다. 이제는 황혼을 즐기며 노익장을 과시하는 노신사들이 되었다. 지팡이도 없이 11호 자가용이 아직 쌩쌩하다. 세월의 시새움인가. 황색 경고음이 요란스럽게 울렸다. 젊어서부터 산행을 즐겨하며 건강이라면 자신하던 등반대장 K. 재주 많은 원숭이가 엉덩방아 찧는다고 했던가. 산길도 아닌 평지에서 어제 내린 눈 밑에 슬쩍 숨은 빙판 위로 미끄러져 오른쪽 팔목이 부러지는 아픔을 당했다. 깁스한 팔목은 오 주 후에나 푼다며 답답한 마음을 쏟아낸다. 우리 모두에게 주는 경고이다. 하루빨리 쾌유하기를 바라는 마음 간절하다. 한세월 함께 즐기다 앞서간 세 친구가 떠오른다. 잔술에 취해 허공에 부서진 그 이름을 불러 본다. 청춘을 돌려 달라며 부르는 노랫소리는 여전히 청청하다. 헤어질 땐 다시 보자 돌아서며 나팔 인사를 분다. 기세는 젊은이 뺨을 치건만 고목에 달려 우는 매미를 닮은 모습은 감출 수 없다. 돌아서는 길에 숨은 빙판길을 조심스레 걷는다.

구분의 능선이 구름을 허리에 두르고 어서 오라고 손짓한다. 한 치 앞도 예측할 수 없는 안개 속에서 나비처럼 덩실대는 황혼빛이 아름답다. 숨을 쉬는 것도 기쁨이다. 바람도 잎 새에 앉아 희망을 노래한다.

# 어느 죽음 앞에서

 젊어서 뚝심으로 살 집을 지은 적이 있다. 자금이래야 삼만 원짜리 단간 전세방 보증금에 부족한 것은 신용을 담보로 했다. 흔히 서민들 집으로는 세면 벽돌로 지은 집이 대세였다. 연탄 아궁이를 만들어 온돌방으로 사용하는 구조였다. 내 집이라는 풍요로움을 만끽할 때였다.

 찌푸린 하늘에 비가 질척이는 날이었다. 두 돌 지난 큰딸을 가운데 뉘고 세 식구만의 오붓한 잠이었다. 아이의 보채고 우는소리는 들리는데 몸은 움직일 수 없었다. 마음은 평온하고 감미로웠다. 죽음 직전에 나타나는 환각 증상이 아닐끼 하는 깨어난 후의 생각이었다. 방문을 열고 기어 나왔다. 찢어지는 고통에 머리는 부서지고 뱃속은 비틀려 찢어지는 아픔을 토해냈다. 연탄가스 중독으로 죽음의 순간에서 가족이 살 수 있었음온 하늘의 노우심이라 믿었다. 그 시절 연탄가스 중독사는 흔한 뉴스거리로 등장하기는 했었다. 살아오는 동안 온갖 고통이 쓰나미처럼 밀고 들어도 영원히 사라지는 죽음보다는 삶을 위한 발버둥을 택했다. 뚝심으로 견뎌온 세월이었다.

세상에 태어나서 누구라도 절망의 나락에서 생을 버리고 싶은 순간이 있었음을 부인하지는 않을 것이다. 죽어서 가는 천당보다는 살아있는 노숙자가 인생의 승리자라고 믿고 싶은 생각은 변함이 없다. 사는 동안 내 마음대로 할 수 없는 것이 꼭 하나 있다. 삶과 죽음의 예측이다. 죽음의 방법이 다르기는 해도 누구나 피해 갈 수 없는 외길이다. 하늘 우러러 두려움 없는 사람 없고 죄지은 게 없다고 단언할 수 없는 게 인간이다. 죄의 업보를 지고 세상에 나와 언젠가는 왔던 길 돌아가야 하는 것은 불변이다. 사람마다 순서의 차는 있다. 고작해야 일백 년 안팍에서 숨을 쉬고 떠나가는 인생을 한 오백 년 살으리라는 욕망을 놓지 못하고 삶의 덫에 걸려 옴짝달싹 못하는 몸부림이다. 아래를 보면 밝게 보이는 길도 눈을 뜨고 위만 보다 기회를 잃고 뒤늦은 후회의 아픔을 격는다.

나이 들어 소일 할 곳을 찾던 나는 'K'도서관에서 운영하는 프로그램 중 한 과목에 눈을 돌리게 되었다. 그곳에서 우연한 기회에 창작 문학을 공부하는 시니어 학생 사이로 우리는 만났었다. 하기 좋은 말로 시니어지 나는 팔십도 훌쩍 지난 할배 학생이다. 'L'교수로 부터 함께 수업을 받던 클래스메이트인 'P'선생이었다. 키도 육척 장신에 걸맞게 몸의 균형도 잘 이루어져 멋과 건강을 겸비한 멋쟁이 신사였다. 그는 앞서 내자를 이년 전에 잃고 힘들어하는 모습을 보였었다. 동병상련의 선배로서 방황하는 그 마음을 보듬어 주고 싶었다. 함께 가는 황혼길에 나이는 나보다 적어도 그런대로 호흡을 맞추며 어울림을 나누는데 어려움은 없었다.

어느날부터였다. 문창반 단톡방에는 시니어 모델로 활동을 한다며 직접 사진과 함께 자주 올려 홍보를 했다. 회원들로부터의 인기도 좋았다. 함께 하는 모델 중에서 예쁜 연인을 만났다고 사연을 공개한 것도 그 무렵부터였다. 무척이나 행복해 보이는 사진이었다. 내자를 잃고 외로움과 허전함을 달래기 위한 방편이 될 수 있다는 이해를 하면서도 참 빠르기도 하다는 생각을 갖긴 했었나. 그만해도 아직은 젊으니 가능한 일이었을까? 나는 엄두도 낼 수 없는 얼치기에 불과했다.

 2023년도 00문학회 동인지 출판기념 축하 모임을 갖는 자리에서 또 만났었다. 이번뿐만도 아니었다. 지난번 모임에도 빠진 적은 없었다. 건네는 인사가 좀 이상하긴 했다. '그 어려웠던 순간을 어찌 참아냈냐'고 존경스럽다며 그날의 분위기와는 사뭇 다른 어울리지 않는 인사였다. 아마도 내가 짝지를 앞서 보내고 홀로 살아온 동안을 위로하는 말인 듯도 했다. 그 순간에는 분위기에 취해 새겨듣질 못했다.

 그는 회원들의 등에 밀려 노래까지 불렀다. 부르는 노래가 왠지 분위기와는 다른 감이 있어 보이기는 했다. 그것을 느끼게 한 것도 그가 올린 뒤늦은 사진을 보고서야 쓸쓸한 모습을 감지할 수 있었다. 그 후로 오간다는 말도 없이 자취를 감추었다. 그것도 행사가 끝날 무렵에야 알아차렸다. 왠지 분위기와 다른 나에 주고 간 인사 한마디가 여운이 남아 쓸쓸했다.

 나와는 단톡방을 통한 인사로 하루의 안부를 주고받기를 계속했었다. 그날의 사유도 물어보고 싶었는데 내키질 않았다. 불과 며칠 전까지다. 2024년 2월 2일부터 답톡이 없었다. 그래도 아침 인사 카톡은 거르지 않았다. 늘 오던 답신이 멈추어 예감이 별나기는 했었다.

지난 2월 12일이었다. 소식이 왔다. 그의 큰 딸로부터였다. OOO 아버지께서 2월 3일 소천하셨다는 갑작스런 부음이었다. 믿어지지 않는 현실 앞에 어리둥절했다. 알고 있을 만한 지인에게 연락을 가져도 보았다. 속시원한 답은 없었다.

돌아간 사유도 말 못 할 사연이 있었는지도 전혀 알 수가 없다. 모든 책임을 자신의 가슴에 묻고 그 사람은 영원히 갔다. 착잡한 마음은 왜? 라는 여운이 길다. 살아온 그의 인생을 내가 아니라 해서 가장 분명한 말로 죽음을 짧게 표현을 한다. 영혼과 육신의 갈림길에서 허무라는 말도 사치스럽다는 생각이었다.

방망이에 맞은 듯 뒷머리가 아리다. 예까지 오는 동안 죽음의 순간에서 몇 번을 벗어난 나도 힐 수 있는 말이 없다. 기억을 남길 뿐이다.

삼가 고인의 명복을 빌어
두 손을 모은다.

2부

# 황혼은 더 시들게 없다

 설날부터 대보름까지는 명절 기분이었다. 오곡밥 묵나물에 들기름 허리 슬쩍 밥주걱도 뱅뱅 춤을 춘다. 서리서리 비벼져 배불뚝 대보름 달 만삭이 되었다. 둥근 얼굴은 구름 뒤에 까꿍 술래잡기하잔다. 하루 빠진 열나흘 달 기울어진 어깨 기대 부럼을 깨었다. 아드득 딱 호두껍질이 방망이에 멍이 들어 흩어진 이름이 되었다. 눈을 떠 카톡 인사는 벗의 이름을 불렀다. 서투른 더위 팔다 되로 주고 말로 받았다. 어릴 적 기억을 더듬어 정월 보름 세시 풍습을 흉내를 내었지만 속아주질 않았다. 재미는 있다고 배꼽을 잡는다. 꾸러기 할배들의 마음이 코흘리개 어린이를 닮았다.

 우수가 봄의 손을 잡았는데도 팔십 평생을 살아오며 일주일 동안 쉬지 않고 쌓이는 눈을 처음 본다며 갈갈이 질러 대는 친구의 함성이다. 대청봉을 휩쓴 눈바람은 청초호를 건너 한강 물에 넘실댄다. 쌓이는 눈은 발목 지나 무릎을 덮고 사람도 자동차도 길을 찾지 못해 앉은 자리 천정만 보는 멍하니가 되었단다. 눈雪사람을 만들어서 숯덩이 눈眼을 박고 벌룸코를 만들기 좋아하는 나는 한달음에 달려가 품에 안고 싶었다.

정도의 차이는 있어도 서울도 이외는 아니었다. 밤새 내린 눈이 발목을 덮었다. 출근길 군데군데 지하철도 발목 잡혀 동동 발을 구른다. 버스 길은 더하고 걷는 길은 더 더하다. 어수선한 세상인심에 자연이 일깨워주는 벌칙인가 보다.

남산골 도서관에서 공부하는 날이다. 이제는 들어도 귓전만 간질 뿐 남는것이 별로 없다. 늙은이 아니랄까 봐 티를 내고 있다. 오전 열 시부터 열두 시까지다. 지각하지 않으려면 두 시간 전부터 부지런을 떨어야 했다. 서둔 탓에 눈길이 발목을 잡기는 했어도 지각은 면했다. 이 나이에 무슨 꼴이냐고 눈들의 속삭임도 빈정거린다.

엊그제는 절기상으로 겨울을 밀어낸다는 우수가 찾아왔다. 아침부터 내리는 비가 앙상한 가지에 앉아 눈망울도 예쁘다. 새촘하고 싱그럽다. 겨우내 양지녘에 웅크리던 튤립

잎새 눈섭 털고 도란도란 봄이 오는 소리에 귀를 쫑긋 하늘을 본다. 부지런을 떨다 눈폭탄을 맞았다. 겨울눈이 고향 가기 싫은가, 등 미는 봄을 아랑곳하지 않는다. 이러다 덜컥 얼어 붙이면 내일의 여행이 멈출 수도 있겠다. 기우에 불과했다. 하루해가 지나자 발목을 잡던 눈이 포근한 바람 불어 말끔히 쓸어 주었다. 눈 속에 고개 들다 벌벌 떨든 튤립도 미소를 진다.

오랜만에 보는 아침 먼동이다.
아이들과 함께 고속도로 위를 달리고 있었다. 정월 대보름 달맞이 고향 찾는 길이었다. 영구 임대주택에 들렀다. 늘 하던 식으로 계급의 순서대로 막걸리 한 잔씩을 올리며 인사를 드렸다. 안주로는 딸들의 정성이 젓가락에 매달렸다. 짝지는 막내다. 내가 와도 꼬두람이 신세는 면할 수가 없다. 한번 꽁지는 영원한 꽁지다.

그 옛날 흑담집 초가는 간 곳이 없다. 큰댁에 들어섰다. 아이들은 참 오랜만에 왔다. 형수에게 세배를 드렸다. 그 얼굴에 젖은 눈물자욱은 세월에 파먹혀 일그러진 삶의 흔적이었다. 산자락에 붙은 따비밭 자갈을 골라내던 손도, 대

갈퀴로 긁어대던 불쏘시개 검불도 지금에 와서는 갈퀴손이 되어 웅크리고 있다.

 가족이 살아온 역사의 꼬리나마 기억을 살릴 수 있는 사람은 형수와 나뿐이다. 당장이라도 숨을 쉴 수 없다면 전설은 영원히 잠들 것이다. 허무가 고개를 든다. 그래도 겨울은 가고 봄은 또 온다. 황혼꽃은 더 시들게 없다. 튤립도 하얀 이불을 벗어내고는 봄나들이 간다. 꽃샘바람도 싱그럽다.

# 호박꽃도 꽃이다

 그 누가 지어낸 말인 줄 알 수는 없다. 호박꽃을 늙음에 비유한 말을 믿고 싶지도 않다. 담장을 타고 울을 보듬는 달콤한 꽃술에 입맞춤을 좋아했다. 꽃은 싱싱해도 꽃잎에 새겨진 주름이 가득하긴 했다. 세월에 길들여진 나의 이마에 새겨진 주름을 닮은 것은 맞다. 이래서 늙음에 비유한 것인지는 알 수가 없다.

 나이테 허리 두른 만큼씩 몸은 늙어 가고 마음은 검불처럼 산들바람에도 가볍다. 살얼음판에 비틀대는 그림자를 밟아간다. 곧은 자세로 세워 보려는 안간힘이다. 보듬어 추스르는데 힘에 부친다. 뒤늦게 무슨 노망이냐고 뒷머리를 간지는 픽하는 웃음도 느낄 수는 있었다. 그렁저렁 남은 인생 공놀이나 하면서 즐기다 가면 될 것을 길들여진 생각을 바꾸려니 생소하기는 하다.

한평생 쥐는 것에 급급했고 펼 줄은 몰랐었다. 이제는 모두를 털어낸다. 버리는 만큼씩 몸도 마음도 홀가분하다. 가진 것은 씨간장 담긴 항아리 바닥에 표주박을 겨우 띄우고 있다. 머 까지 박고 팔을 뻗쳐야 손에 겨우 닿는다. 간장은 오래 묵어 짭짤하다. 양은 적어도 입쩍 맛을 느끼는 수 만큼에 만족을 하고 싶다.

생각하는 범주를 크게 벗어나지 않는다면 마음이 가는 대로 남은 삶을 자유롭게 영유할 수 있다는 자신감에는 변함이 없다. 크게 어렵거나 못할 이유가 없을 것 같다. 게으름을 달래며 발치 아래를 본다. 덜컹덜컹 오솔길이 보인다. 틈새를 비집고 피어나 삶의 꽃을 피워 내고는 가뭄에 떨고 있다. 잃어버린 나의 건강을 불러 본다. 되돌아 올 기척은 없다. 생각하기에 따라 기쁨을 누릴 수도 있고 고독의 설움이 될 수는 있다. 덤으로 가는 인생은 지금부터라는 다짐이다. 팔분이 고개 훌쩍 서산마루 앉았다. 나이테 소용돌이에 파도 철썩 뺨을 친다. 노을 물든 그림자는 스쳐 지난 건강을 잡지 못하고 멀미를 한다. 몸은 아프다 투덜대도 마음은 늘 가볍다.

예까지 살아오는 동안 세상사 수월한 게 없었고 나만 못한 사람 눈 씻고 볼 수도 없었다. 부와 권력이 하늘을 찌르고 있었다. 그래도 항상 불안에 떨고 만족을 느낄수 없는 듯했다. 단 한 번의 풍요의 기회를 맛볼 수 없었던 나는 남들이 흘리고 간 자리를 더듬기 일쑤였다. 뒷짐 진 거북이 뜀뛰기로 도토리 키재기가 고작이었다. 아무려나 주어진 삶에 후회는 없었다. 무엇이 문제였을까를 곱씹어 보긴 했었다. 이제는 손을 털고 잊으려 한다. 건망증으로 앓는 것은 아니다. 자유롭게 생겨난 슬기로운 마음이다.

봄볕에 한발 앞선 벌들의 향연이다. 호박꽃 잎술 물고 단물 훌쩍 꿀을 만들어 사랑을 베푼다. 털 송송 발목에는 고운님 분칠하고 중매잡이 되어 옆집 순둥이와 아랫집 꽃님이는 신랑 각시가 되었다. 순결의 꽃이 떨어지니 새파랗게 설익은 아들들이 주렁주렁 담장 위에 앉았다. 경사 났네, 경사 났어. 노랑나비 춤추고 내 입술엔 그 향기를 만끽한다. 배부른 게트림에 배꼽 잡고 너털웃음이다.

호박씨는 싹수부터 남달랐다. 꽃 필 부렵에는 바람도 허리 펴는 산마루 따비밭에 밀, 보리도 한창 배앓이를 한다.

텅 빈 헛간 벽에 기대선 삽자루도 꾸벅 졸고 있다. 꼬르륵 배꼽 소리 노래도 섧다. 잎새는 토종 된장과 궁합이 잘 맞는다. 파란 애호박은 새우젓국에 슬쩍 감겨 허기진 보리 밥상에 상전이 된다. 늙어서 몸의 색이 누렇게 변한들 버릴 것이 하나도 없다. 가뭄 든 나의 입을 위해 아낌없이 몸을 불사른다. 자글자글 주름이 많아서 늙은 호박꽃도 꽃이다. 살포시 보듬어 준다. 나의 얼굴에 그려진 주름보다 더 예쁘다. 나눔에 인색하지 않는 사랑을 일깨워준다.

노년에 감겨진 마음의 눈을 떴다. 이제부터라고 징검다리 건너는 달구지 고삐를 감아쥔다. 울퉁불퉁 모난 길을 보듬어간다.

씨간장 하얗게 소금꽃 필 때까지다.

# 그 날이다

 치악산 굽이굽이 허리 감아 돌고 새들은 노래하고 자연이 숨을 쉬는 고즈넉한 숲속 길이다. 계곡 따라 물소리는 아랫동네에서 흘린 땀을 씻어내린다. 빼꼼한 나무 사이로 홍시 물든 저녁노을 방긋 미소 고웁다. 가로등이 눈을 뜬다. 마을이라 보기에는 화전민의 옛 고향을 다진 자리 너와집 흔적은 사라지고 번듯한 게와 지붕이 닮은 듯이 서 있다. 오가는 길손들의 하룻밤 보금자리가 되어주는 곳으로 집들의 문패가 다양했다.

 너구리, 산토끼, 다람쥐 등 우리 가족들이 하룻밤 신세질 곳은 황토방 1호부터 3호까지였다. 방마다 성인 3~4명 사용하는데 그리 좁지도 않고 불편함도 없는 넉넉한 공간이었다. 온종일 땀에 절었어도 자연림 숲속의 밤은 따듯한 온돌방이 제격이었다. 내가 묵어갈 빙은 황토방 1호였다.

느긋하게 서울을 떠나 차창 밖으로 스쳐가는 풍경에 가슴도 설렌다. 아카시아 떠난 가로수 자리에 새하얀 이팝꽃이 피어나 쌀밥이 고봉처럼 풍요롭다. 차를 탄 순간을 제외하고는 걷기를 반복했다. 부지런한 초여름 날씨가 봄의 등짝을 밀어댄다. 바람도 잎새 앉아 더위를 즐기고 있다. 늘 사뿐할 줄만 알았던 싱싱한 발걸음도 가끔은 비틀대고 생각하는 마음도 어눌할 때도 있었다. 아직은 이쯤이야를 앞세우고 두려워하지는 않았다.

 쌍다리 밑에 툭 떨어진 그 날이다. 애들의 계획한 이벤트의 줄금을 따라간다. 올해도 역시 설레는 마음은 빗나가지 않았다. 게으른 꽃길은 마음의 고향이었다. 벌, 나비는 술래가 된다. 꽃들은 용용 날 잡아 보라 한다. 수선화도 꽃잎 털고 잎새만 푸르다. 잔디꽃, 영산홍 철쭉만 벙글거린다. 벌, 나비는 빨간 잎술을 훔치고 있다. 꽃들의 향연이다. 돌연변이 날씨다. 빼꼼하는 그늘 사이로 햇볕이 아 더위를 재촉한다. 주렁 달린 땀방울에 한가로운 틈새가 있을 리 없다.

 인생이 싱싱한 날에는 기억조차 없었다. 촛불은 바람 타고 혼자 놀기를 좋 했다. 실컷 마시고 맛있게 잘 먹으면 그 날이라 여겼다. 황혼빛 구름 사이로 삐그덕 덜컹대는 미닫이를 산들바람이 열어 준다. '해피버스데이 투유' 희망의 촛불은 또 하나 삶의 그림자로 남아있다. 실하게 잘 자라준 열매들 덕분에 호강을 한다. 앞서간 촛불은 흔적만 남았어도 황혼빛 향기는 식을 줄 몰라한다. 한주먹을 쥐고도 모자라 펴고 가는 덧셈의 삶의 자취다.

곤지암 화담 숲길을 걸었다. 푸른 잎새 널브러진 산허리를 휘감은 둘레길을 따라 듬직한 욱이를 잡은 손이 듬직했다. 욱이는 외손주다. 코흘리개로만 알았던 나의 착각이었다. 빨리 자란 건지 내가 오래 산 건지 알 수는 없어도 기대하는 마음은 컸다.

홀로서기를 한다는 것은 한물간 오일장 뻥튀기 소리일 뿐이다. 날씨가 산의 정상을 오르는 숨소리처럼 가파르다. 그늘 사이로 빼꼼하는 햇볕은 따갑고 바람도 잎새 앉아 꾸벅 졸고 있다. 좁은 길 사이로 무리 진 사람들 사이에 밀리면서 레일 바이크에 기대고 신허리를 쉬나 몰다틀 반복해 제자리에 돌아올 수는 있었다. 무릎의 엄살은 어느 때보다

그 날이다 71

심했다. 앉을 틈새만 보이면 덜컥 엉덩이를 달랬다. 이만하기 다행이라고 거드름을 피운다. 또 하나의 나이테 허리 돌아 감는다.

그 날이다. 되돌아올지를 기대할 수는 없다. 그 얼굴에 햇살이 머물어주기를 고대할 뿐이다. 할 일이 남아 기다린다.
그윽한 황혼꽃 향기 샛별 눈이 부시다.

## 시든 가지 꽃피울 날을

수은주 눈보라에 뺨을 내주고 콜록이는 기침은 들끓는 가래의 아우성 소리다. 젊어서부터 생긴 폐의 결함으로 정기적으로 검사를 받고 관리하고 있는 중인데 사단이 나고 말았다. 폐렴이라는 증상이 발목 꼬옥 잡는다. 온몸이 자지러들듯 증상은 짝지가 임종하기 며칠 전부터 생겨났었다. 세상을 떠난 날에도 같은 병원 장례식장에 짝지를 뉘어 놓고 응급실에서 커다란 병에 생명줄을 매달고 있었다. 아프다는 핑계로 짝지의 장례식은 애들에게 미루고 말았다. 나를 보고 찾아온 문상객을 위한 인사는 마지못해 일어설 수밖에 없었다. 그마저도 힘들어 했다. 나의 잔소리가 없어도 절차에 따라 잘 모시고 삼우제까지 무사히 끝낼 수 있어 대견스러웠다.

홀로서기 수개월째 영유아 갈림길에 비틀대고 있있나. 마음은 흐려지고 건강은 천길 나락으로 미끄럼을 탔다. 삶의 끝자락이 아닐까를 고민할 수밖에 없었다. 십여 년간 혹사시켜 온 흐려진 정신과 건강을 목청껏 불러본들 허공에서 맴돌 뿐 대답은 없었다. 하늘의 도우심인가 보다. 결코 짧지 않은 석 달 동안을 딸들의 극진한 간호와 발달한 의학 기술로 누운 자리를 걷어낼 수는 있었다. 석 달 병치레를 겨우 밀치고 후들거리는 몸과 마음을 끌며 둥지를 찾았다. 딸들 손을 빌어 비워낸 흔적이 또렷하다. 허무한 공간이 운동장을 닮았다.

횅한 거실 벽을 기댄 주인 없는 의료용 침대가 외롭고 쓸쓸하다. 방 하나에 가득 쌓인 기저귀는 할 일 없이 멀뚱히 나를 본다. 또 다른 방 하나엔 환자를 케어하던 물건들이 그득했다. 대부분 사용하지 않은 물건들이 많았다. 십여 년 세월을 대변해 주고 있었다. 안방 한쪽 벽 열 석 자 붙박이장 속은 텅 빈 채 치워질 차례를 기다리고 있다. 나도요. 대형 더블 침대가 손을 번쩍 든다. 옛모습 그대로다.

회복이 덜 된 몸의 컨디션 때문인가, 남은 삶이 길지 않다는 생각을 털어낼 수는 없었다. 차분한 마음으로 신변 정리를 했던 순간들이 한낱 기우에 불과했다. 십 년도 훌쩍 가버린 지금도 숨을 쉬고 있다. 인명은 재천이란 말은 나에 두고 한 말이었다.

 혼자라는 것은 외롭다기보다 고독할 때가 더 많았다. 말벗이 그리울 때면 삶의 경쟁에서 억울하고 슬프다는 망상에 사로잡혀 있었다. 외로움에 지쳐 우울증상이 아닌가 하는 생각도 해보았다. 일상 대부분에 관심도 없고 집중력 저하로 생각도 어눌했다. 몸도 마음도 갈피를 잡지 못하고 방황하기 일쑤였다. 멍하니 하늘 보는 횟수가 늘어만 갔다. 삶이 마음먹기에 달렸다고 안정을 일깨우는 데는 상당한 세월이 지난 후였다. 잃어가는 건강의 한계를 느끼는 게으름이 발목을 잡으려 해도 마음 붙일 틈새를 찾아 기웃대던 때다.

 짝지와 함께하던 보금자리가 넓고 휑하기만 했다. 쓸모가 없었다. 모두를 내어주고 떠나고 싶었다. 찾아든 곳이 한강변에 자리한 강서구 허준로에 주소를 둔 큰 마을 작은 집이었다. 홀로 둥지 튼 보금자리는 북창을 열면 한강물 씻은 바람이 가슴 쓸어 닮는데. 낯설기는 해도. 몸도 마음도 안정을 찾는 듯 포근하기는 했다.

먼동이 어둠 쓸면 가로등은 눈을 뜨고 나는 샛별을 보았다. 허리 앞선 지팡이는 바람 앞서가려고 발버둥을 쳤다. 수년을 길들인 습관이 잃어버린 건강을 조금씩 불러왔다. 삼 년 고비를 넘길 수 없을 것만 같았던 나의 삶의 주축은 크게 빗나갔다. 지금까지도 덤으로 살아 숨 쉰다는 기쁨이다. 손에 쥔 욕망을 모두 내려놓고 가볍게 살자 했었다.

새로운 삶의 틈새를 두드리면서 기웃거렸다. 배우며 노력하는 몸도 마음도 게으르지 않고 최선을 다할 것이다. 강서FM 마을 방송과 인연을 맺은 것도 이때부터였다. K 복지관 노인을 위한 위문공연을 하는 행사였다. 게스트로 추천을 받고 출연한 적이 있었다. 그게 인연이 되어 동행을 시작했다. 권하기에 시키는 대로 시작한 것이 전부였다. 특별한 재주도 경험도 없이 생소하기만 했다. 공중파를 타는 대중을 상대로 한 방송이기에 마이크 앞에 설 때는 항상 두려웠다. 자칫 한 줄 글 한마디에도 듣는 이에게 상처가 될 수 있다는 생각에 더욱 조심스러웠다.

K국장이 계획 한대로 원고를 쓰고 녹음 후 지역 방송으로 송출하는 식이었다. 한때는 강서구 까치뉴스의 특별한

기사를 발췌하여 방송으로 전파하기도 했다. 당시에는 강서구에 비슷한 단체들이 많았다. 그중에서도 노력을 거듭한 끝에 우수 단체로 선정되어 서울시장 표창을 받기도 했었다. K국장이 직을 내려놓고 타지역으로 이사를 간 후부터 상황이 달라졌다. 엎친 데 덮친 격으로 코로나 펜데믹으로 중도에 활동을 한동안 멈출 수밖에 없었다. 악화된 결정타로는 그동안 관계 당국에서 지원해 주던 최소한의 지원금마저 권력을 가진 손이 바뀌어 중단되었다. 그로인한 사유로 활동하는 회원들의 주머니를 털어가며 겨우 명목을 유지해 왔다. 이제는 그마저도 힘에 부쳐 버틸 수 없는 한계에 도달했다. 십 년의 역사를 접어야 할 기로에 섰다. 회원들이 만나 머리를 맞대 보았지만 현재의 상황을 풀어낼 방법이 묘연했다. 오랜만에 만나 회포나 푸는 점심 한 끼로 만족해야만 했다.

  세월에 능 밀렸나, 내가 밀어 세월이 갔나, 나도 이제는 노을 그림자를 밟는 황혼의 길을 가고 있다. 멈추는 곳 어디쯤 일까를, 어리둥절하는 나를 보고 허리 앞선 지팡이 그것도 모르냐며 빙글거린다. 가끔은 나이를 잊고 젊음인 양 착각하고 행동할 때가 있었다. 부르는 사람 있어 초행길 손짓 따라가다 보면 여지없이 내 나이는 엄지인데 생소한 틈새에서 그 분야는 햇병아리에 불과했다. 또 하나의 길을 찾았다. 새하얀 종이 뉘고 몽당연필과의 달리기 시합이었다. 살아온 인생의 발자취를 남기려는 수필이었다. 숨이 턱을 차고 올라도 신바람이 절로였다. 수가 늘어나는 만큼씩 기쁨은 배가 되었다. 한 권의 책으로 황홀한 세상의 눈을 보게 했다. 그것으로는 만족할 수 없다고 채찍을 휘두르고 있다.

나이테 시새움인가 갈수록 마음이 비틀거린다. 몽당연필 꼭지 물고 안개 덮인 준령을 바라만 본다. 접을까 말까 하는 기로에 섰다. 밀어도 벅차고 멈추려니 아쉽다. 설익은 열매들 풍요는 아직 멀다. 정녕 황혼꽃 향기를 피워 낼 수 있을까, 희망의 속삭임이다. 가는 데까지 가보는 것이 인생의 참맛이라고 시든 가지 꽃피울 날을 고대한다.

살폿한 봄빛 나래 나의 봄에 앉았다.

# 황혼의 지혜다

아무리 바빠도 시간의 노예는 되지 말자 했다. 쉼 없이 달려도 똑딱하는 촌음을 이겨 낼 수는 없다. 힘이 벅차 턱걸이를 한다. 더불어 함께 하는 삶을 즐겨야 한다. 좋은 습관도 길들이기에 달렸다. 먼동이 어둠 쓰는 기척에 칭얼대는 게으름을 달래며 무거운 눈썹 털고 부지런을 깨운다. 한 번 쉬는 맛을 들이면 두 번을 건너뛰게 하는 늙음의 핑계가 유혹을 한다. 뿌리치는 걸음이다. 걷는 만큼 몸도 마음도 상쾌하다.

밤새 흘린 별들의 눈물은 초롱초롱 거미줄에 이슬꽃을 피웠나.

두런두런 발자욱 소리에 선잠 깬 가로등 그림자는 게으른 어둠의 틈새를 비질한다. 구름 사이 얼굴 삐죽 샛별도 안녕하다. 별 하나 나 하나 발자욱 장단 맞춰 노래를 한다.

홀할배 천정 보고 하품하는 틈새를 보이면 게으름은 이때다. 손을 잡는다. 기회를 만들어주고 싶지 않다. 불러도 가고 찾아서도 간다. 촐랑대는 핑게로 즐거움을 찾는다. 담소마루 기대어 천정 보는 시간도 줄었다. 가속이 붙는다. 부르는 곳 한번 기웃하면 초침은 정오에서 우로 돌아 기울고 있다. 백 미터를 구 초에 달리는 단거리 선수를 닮았다. 허기져 우는 배꼽도 달랠 줄 모르고. 쉬어가자 못 들은 척 그런 옹고집은 아니다. 배고프면 먹고 힘들면 다리 편다. 강산에 부는 바람 등 미는 세월이다. 숨이 턱을 차도 건강을 다독이며 살 수 있는 지혜가 되었다. 언제라도 찾아가는 길 만들고 불러주는 사람 있어 고맙다.

남들은 손을 놓고 돌아 설쯤에 배움을 고집하는 내가 좀 별나기는 하다. 별들의 고향 미리내를 건너면 번뜩이는 생각이 있다기에 잡고 싶어 했다. 황혼 물든 책갈피를 활짝 펴고 배움 찾는 늦깎이 학생이 되었다. 하루에 두 시간씩 일주일에 두 번은 비대면으로 수업을 받고 한 번은 대면이다. 한 달이면 열 이틀에 이십사 시간을 서릿꽃 머리 질끈 끙끙거린다. 뚜렷한 목적은 없었다. 지루한 삶을 달래기 위한 시작으로 만들어 가고 있었다. 소일거리에 불과했다. 왠

일일까, 어렴풋한 희망이 어서 오라 손짓한다. 배워 가며 실한 열매를 기대한다는 것은 한낱 공염불이다. 쪽새가 황새를 쫒는 모양 새로 쉽지가 않았다. 노력한 만큼 비례를 한다. 이루고 싶은 마음 간절해도 잡힐 듯 말 듯 멀어가는 글꼬리가 아쉽다.

 배우고자 하는 결심만 서면 오라는 손짓은 많았다. 기웃거리다 선택한 곳이 K 도서관 문학 창작반이었다. 특별한 자격은 뒷전이다. 원하면 남녀노소를 가리지 않는다. 매년 두 차례에 걸쳐 전·후반으로 나누어 수강생을 받고 있다. 한 학기 이십 명 정도다. 경쟁이 치열하다. 인터넷 접수 시작 십 분이 지나면 대기번호를 준다. 가히 지도 교수의 유명세를 알 것만도 같았다.

 멋모르고 입문할 때는 보는 눈도 듣는 귀도 어설퍼했다. 생소한 길이었기에 더욱 그랬다. 갖고 있는 지식의 끈은 짧고 배움의 길은 아득했다. 노력을 얼마나 이어가야 풍요의 꿈이 이루어질까를 장담할 수는 없었다. 어렵게 시작한 첫발지옥에 실망을 주고 싶지 않았다. 자의 반 타의 반으로 입술을 깨물었다. 한 귀로 들어오면 또 한 귀로 달아나는 글꼬리를 잡으려는 안간힘이었다. 남는 것이 별로 없었다. 쫑긋하면 까꿍하기 일 수였다. 나이에 장사 없다는 말은 나를 두고 한 말인듯 깜박하는 횟수가 갈수록 늘어만 간다.

한 주의 수업은 화요일 문학 창작반부터였다. 열 시부터 두 시간 짜리다. 입문한 지 수년째가 된다. 교수의 가르침을 귀담고 배우려는 노력 덕분에 가끔씩 한 편의 수필이 태어났다. 가슴에 이름표를 붙일 때마다 묘한 흥미를 느꼈다. 할 수 있다는 자신감에 재미 또한 쏠쏠했다. 나이는 숫자에 불과했다. 지경노에 신세를 지던 허송세월이 아쉽기만 했다.

이제부터라고 연필 잡은 손을 다그친다. 수요일엔 합평 두 시간이다. 그동안 회원들이 써온 작품을 놓고 가감 없는 채찍질이다. 이 시간이 되면 주눅이 들어 두렵기만 했다. 동행하는 작가들 실력이 모두 수준급인데 풋내기 실력으로는 솔직히 창피하다는 생각뿐이었다. 작품을 내놓은 적도 있었다. 얼굴을 가리고 콩털이를 한다. 아프고 쓰리기는 해도 남는 것은 콩알이었다. 콩알 하나가 영글 때마다 지식의 폭은 늘어난다. 울고 웃는다.

남산을 기어오른다. 수요일 대면 수업이다. 신학기 첫 수강일부터 비가 질척댄다. 부지런한 봄비 같기는 한데 남산골 솔잎 앉아 시린 바람 시샘을 한다. 계절이 바뀌는 남산의 얼굴은 자주 변한다. 두 번째 주 수업 날이었다. 겨울의 외침이다. 밤 지새 내린 눈이 발목 쏘옥 잡는다. 하늘을 머리 두고 앉은 자리에 목화꽃이 만발했다. 그 밤도 잠 못 이루고 솜이불을 재치는 손끝을 그려본다. 등잔불에 깜박 졸다 골무 뚫고 따끔 붉은 꽃을 피웠다. 그것이 사랑임을 알았을 땐 너무 멀리 왔다. 늦깎이 학생 꿈은 별나다.

 하루해가 꽁지를 보인다. 오늘을 마무리하는 일과다. 내일 오는 설레발의 핑계가 있다. 저녁 일곱 시 주일 미사에 참석했다. 달리기 스케줄에 피곤했던가 보다. 미사 중에 고개 절로 꾸벅했다. 이런 적이 없었는데 옆에 앉은 가브리엘 아우님도 빙그레 미소 진다. 쑥스럽다. 일요일이면 산 타기 취미로 건강 관리를 하고 있는 등산맨이다. 이웃동에 거주한다. 성당의 모임을 통해 정을 나누는 사이다. 민망한 마음에 너스레를 떨었다. 핸드폰을 열어 오늘의 발자욱 수를 보았다. 일만 팔천 보가 훌쩍 넘었다. 미사 중에 졸있던 핑계를 댄다. 이해를 해주어 고마웠다.

발동동 하루해가 초침 앞서 달리기를 했다. 시위 떠난 살처럼 빠르다. 몸은 지쳐 비틀거려도 마음은 늘 싱싱하다. 먼동이 어둠 쓸면 또 나설 것이다. 황혼의 지혜다. 삶의 길에 게으름은 금물이다. 고독과 외로움만 쌓여 온갖 질병 모두 끌어안는다. 제비처럼 나는 듯 해도 시간표를 맴도는 발자취일 뿐 이상도 이하도 아니다.

쉼 없는 배움의 길이다.

희망이 춤을 춘다. 황혼꽃 향기 품어 영원을 노래한다.
멈추는 순간까지다.

# 여행이라는 이름으로

 오랜만의 제주도 나들잇길이다. 팔십을 넘어서니 은근히 기댈 어깨가 아쉽다. 혼자는 갈팡질팡 엄두를 내기 어렵지만 밤을 지새고 이슬을 이겨 낸 하루살이로 다시 태어나 번뜩이는 자신감으로 절로 부풀어 오른다.

 제주 탐방은 오늘까지 다섯 손가락을 넘지 않는다. 젊은 힘을 자랑삼아 앞만 보고 달음박질할 때는 수박 겉핥기처럼 지나친 자연의 경이가 처음처럼 설렌다. 다시 찾을 기회가 무궁무진할 줄 알았다. 먹고 마시는 맛 기행에 충실했지만 제주여행의 추억들은 검은 돌처럼 숭숭이 구멍 나 있다. 다시는 없을 거라는 마음과 다음을 기약하고픈 뒷짐 진 미련을 남기지 말자는 다짐으로 스쳐 간 자취를 지우며 또 하나의 추억을 만드는 중이다. 소홀하게 지나친 시간이야 이제 와 채위지지 않은 미안으로 남겠지만 살아있는 매일이 새롭고 신비스러운 빛의 향연이기에 숨을 쉬는 기쁨을 만끽한다. 쥔 것을 풀어내고 순간을 사랑하며 바람에 몸을 얹는다. 새의 날갯짓을 한다. 행여나 잡은 오늘의 손을 놓을까봐 염려는 하지 않는다. 단지 이 순간에 깊이 몰입할 뿐이다.

 답답증 때문에 비행기 여행을 거듭 망설였다. 그래도 지금이 녹록한 기회라는 걸 알기에 마음을 활짝 열고 짧은 여행에 올랐다. 먼저 길을 밟았던 기억이 안개 속에 어렴풋이 어우러지고 있다. 전국이 장마전선에 휩싸인 칠월 중순 아침, 마음이 설렌다. 나이가 들수록 여행은 더 소중해지는 까닭은 무엇일까? 늘 오늘이 마지막일 거라는 아쉬움 때문일까. 아니면 부질없는 걱정일랑 모두 던진 다음이라서 잎새에 이는 바람에도 순정순정하게 마음이 나풀거리는 것일까. 발걸음도 가볍게 일찌감치 공항에서 수속을 마쳤다. 여기까지가 첫 번째 코스다. 공항 4층 라운지에서 목마름을 달래고 새벽부터 설친 다리도 보듬어 준다. 여기부터 생의 오른팔인 큰 딸과 외손녀가 함께 한다. 공항 수속에 난감할 내게 주어진 여행 가이드이다. 든든하고 위안이 된다. 오래전 작은 손으로 내 손가락을 꼭 쥐고 아장아장 걸으며 제주 여행에 동행했던 외손녀가 훌쩍 자라 내 손을 잡고 길라잡이를 해준다. 오늘은 첫 번째 코스까지만 함께 한다. 아쉬움이 남는다.

  안전띠를 착용하라는 안내방송을 따른다. 덜컹거리는 굉음에 눈이 동그래진 것도 잠시, 활주로를 벗어나 구름 위에 둥실 떴다. 착각인 듯 눈을 의심한다. 가로 한 뼘 세로 두 뼘의 작은 창문으로 비행기가 사뿐히 올라타고 있다. 이륙하는 순간만 속도를 느꼈다. 구름 위에 높이 솟아오른 비행기는 제자리에 멈춰 게으름을 피운다. 비행기에 앉은 나는 그 자리에 있는데 시간은 목적지를 향해 달려가고 있다. 발아래 비를 머금은 구름떼가 장마철이라고 말을 해준다. 제법 편안한 자리 덕분인지 짧은 비행이 더 빨리 끝났다. 불과 40분이었다. 수속과 이착륙에 시간이 더 걸렸다. 이런 짧은 여행도 삶도 준비와 마무리가 만만치 않은 것이 인생인가 보다.

  장마철 물먹은 낮은 구름 아래 남국의 정취가 물씬 풍긴다. 파도는 바다를 삼킬 듯이 방파제에 온몸을 부딪는다. 파도의 격정과 비릿한 바다 내음에 둘러싸인 검은 섬, 제주다. 구멍 숭숭 숨을 쉬고 물 위에 떠 있는 태고의 자연이 세상에서 가장 큰 배인 양 둥실거린다. 제주 공항에서 시작된 두 번째 여행코스의 가이드는 막내딸 내외이다. 시어멍을 닮아 참견은 심해도 든든한 나의 왼쪽 어깨임은 틀림이 없다. 새벽부터의 부산으로 긴장했는지 피로가 눈썹을 잡아 당긴다. 쉬기에는 아직 너무 이른 오전이다. 그런데 쉴 수가 없다. 용두암을 시작으로 제주도 서쪽 해안에서 북으로 동으로 이어지는 해안과 숲을 거쳐간다. 여행은 늘 여유로운 듯 빠듯한 일정이다.

서귀포 치유의 숲에 들어섰다. 누구에게나 열린 자연과 함께 숨을 쉬는 치유의 숲길이다. 숲의 힘으로 면역력을 높이고 몸과 마음의 건강을 한껏 높여준다는 곳이다. 가멍 숲길을 따라간다. 가멍오멍 숲길을 거쳐 엄부렁 숲길에 들어선다. 몇 미터 거리 나무 사이로 애기 노루 한 마리가 발길을 멈추고 나를 반겨 준다. 이방인을 보는 눈이 똘망하다. 행운의 순간이다. 두 돌쯤은 지났을까? 아직은 엄마 품이 그리울 작은 몸집이다. 찰칵 모델이 되어준 너에게 줄 맛난 간식이 없어 아쉽다. 안녕이라는 인사로 서로의 행운을 빌어본다. 만나서 고마웠다고……. 나이 탓인지 세상에 소중하지 않은 것이 없다. 비구름이 머리 풀면 우산이 가려 주고 파란 하늘 삐쭉 밀면 잎새를 스치는 시원한 바람 품에 안긴다. 삼복에 장마까지 겹쳤는데 날씨 탓은 배부른 투정이기에 숲에 들어서서 잠시 땀 그쳐주는 것에 고맙다는 마음이 든다. 그나마 빗속을 거닐 때는 발은 질척여도 땀은 숨어 버려 귓전을 울리는 산새들 노랫소리에 흥이 절로절로다. 늙음도 절로, 시간도 절로, 계절도 절로절로 절로 흐르지 않는 것이 없다. 이리 아름다운 곳이어서 한국 관광의 별 본상 수상을 하고 제주도 최우수 공영 관광지로 선정되었나 보다.

  한라산 해발 1,950미터 정상 허리에 구름이 감아 도는 곳에 오른다. 남한의 최고봉이자 삼대 명산 중 하나라는 나의 발자국도 보태어본다. 백록담까지 걸어서 오르는 것은 아득한 꿈으로 미루고 힘겨움을 대신하여 해발 1,100고지에 섰다. 탑을 돌아서니 수련꽃 수놓인 늪지가 반겨준다. 물이 숭숭 빠지는 제주섬에 우뚝 솟은 한라산 중턱에 자리 잡은 늪지가 경이롭고 신이 계심을 눈으로 목도하는 길이다. 인간의 힘으로 할 수 없는 일들이 많은 줄을 알면서도 요즘은 새삼 더 경이로움을 느낀다. 흠뻑 비에 씻긴 데그길에 자칫 미끄럼을 탈까 조심조심 발을 뗀다. 체력의 한

계도 나이와 비례하듯 무딘 다리가 힘이 든다고 엄살을 부린다. 내 나이 여든넷. 나는 지금 생의 어느 준령에 올라선 것인가.

사람으로 제법 나이를 먹었으니 오래된 나무와 겨루어 볼까보다. 숲길이다. 약 448,165제곱미터의 면적에 수령 500~800년까지의 비자나무 이천팔백 그루가 만들어낸 세계적으로도 보기 드문 비자나무 군락이다. 이름도 귀해 보이는 풍란, 콩짜개란, 흑난초, 생달나무, 머귀나무 등 희귀한 식물들이 무성하다. 그 사이로 개인 하늘이 빼꼼하니 아는 체를 한다. 수령이 깊은 비자나무들이 왕성하게 나의 마음과 몸을 채워준다. 가슴을 열어젖힌다. 욕심껏 폐부에 꼭 다져 넣는다. 사는 동안 자식들 애 먹이지 않으려면 숨 쉬는 것에 대한 욕심을 감출 이유가 없다. 마시는 만큼 공해에 찌든 때가 모두 벗겨져 개운한 느낌이다. 욕심 끝에 새천년의 비자나무를 만난다. 826세의 할아버지 나무이다. 나보다 꼭 10배를 더 살았다. 14미터 키에 가슴둘레가 자그마치 6미터가 된다. 비자나무 숲속에서 가장 어르신이다. 짓궂게 수염을 쓸어 본다. 네 이놈 당장이라도 불호령이 떨어질 것만 같다. 인간 세상에선 나도 할배니 벗하자고

농을 걸어본다. 순간, 떼끼 네 이노옴. 고함소리가 들린다. 백년도 못 사는 인간을 어디에 견줄 것인가. 가소로울 테지만 나무의 정령에게 부탁한다. 사는 동안 살다가 잠든 듯 가게 해달라고.

 보이는 것은 옛날 그대로의 풍경인데 생소하게 느껴진다. 그래서 자꾸만 눈으로 보고 가슴으로 담는다. 후일을 기약한다는 것은 야무진 꿈일까. 여행은 바람을 안고도 사뿐한 걸음이야 한다. 이 세상 여행도, 여행이라면 가벼워야 하리라. 등에 진 바람이 무겁다고 느낄 때는 앞선 길라잡이 발목을 잡고서 그래도 멈추지 말고 완주 하리라. 그렇게라도 인생사 진한 풍경을 세세히 느끼며 하루살이 해 저문 날개를 쉬게 하리라. 여행이라는 이름으로 잠시 왔다가 나그네라는 이름으로 또 떠날 때가 오면 바람처럼 가리라. 손에 쥔 것은 없지만 가슴 가득한 추억만으로도 참 괜찮은 여행이었으니까.

# 소슬바람 불어오니

 지난해 동짓달 서리꽃 필 무렵에 큰댁 며늘아기 정성을 담아 보내온 김장김치였다. 올해 김장 배추가 통통해 질 무렵인데 냉장고에선 지난해 김장김치가 물씬 익어 묵은지가 되었다. 땀띠와 씨름할 때는 묵은지 찌개도 뒷전이었다. 잠 깨운 소슬바람에 움츠린 어깨를 활짝 폈다. 오겹살에 두부까지 불러오고 청국장 한 덩이를 곁들여 뚝배기가 빠글대면 한 공깃밥쯤이야 게 눈 감추듯 사라진다. 입맛 돌게 만드는 나의 솜씨중 하나다. 엄지를 우뚝 세운다. 수년간 익혀온 노하우다.

 허리 펴는 공간 맞은편에 숨을 쉬는 존재가 또 하나가 있다. 정이 들었다. 지금의 둥지로 이사 온 다음 해 홀할배들 정신 건강을 위한 강의에서 만들어진 인연이다. 머그컵에 오색 빛 모래를 담아 붓대궁만 한 개운죽 세 마디를 심었다. 몸통은 호리한 것이 곁가지만 우뚝 자랐다. 할배의 키만 닮아 껑충하다. 입이 짧아 물만 먹고 산다. 건망증에 한 눈파는 사이 목이 타 몸살을 앓다가도 물만 주면 헤벌쭉 방글거린다. 새순이 돋아나 키도 크고 잎도 무성해졌다. 쪽방 같은 머그컵에서 큰집으로 이사를 시켰다. 청자로 만들어진 꿀단지였다. 좋아라 살랑댄다.

먼동이 어둠을 비질한다. 발자국 두런두런 샛별 찾는 기척이 창문을 두드린다. 순간의 감사로 둥근 해를 품었다. 보고 듣고 배워본들 모르는 게 너무 많다. 돌아서면 잊는다. 배우고 싶은 마음은 차고 넘친다. 꿈꾸는 희망에 배움 찾는 집시가 되었다. 무엇을 이루어 내고 싶다는 욕망은 아니다. 남은 인생 신선처럼 기도만 하고 산다는 것은 어쩐지 따분할 것 같기 때문이다. 하루가 쏜살같다. 가로등 눈을 뜨면 별을 세며 둥지를 찾아 든다. 불빛 하나 없어도 손끝에 길들여진 스위치를 잘도 찾는다. 가로 놓인 침대는 소파가 뇌어 앉을 수도 등을 내주어 업을 수도 있다. 나의 안식처다. 움직일 때는 장애물 경기장이고, 털고 닦을 때는 골때리는 축구장이다.

글꼬리 잡으려는 틈새를 비집는다. 정신줄을 놓았다. 기름쟁이 연필은 하얀 종이 뉘고 지지고 볶아댄다. 맛있게 요리하고 맛있게 먹고 싶었다. 고슬고슬 지으려다 숟가락도 질척이는 죽도 밥도 아닌 곤죽이 된다. 맹꽁이 헛김 빠지는 소리 잠들 줄 모르고 황혼 꽃향기를 보듬어 준다. 등걸이를 걸머졌다.

경의선 철길 따라 일산 신도시 개발 바람이 불기 시작할 때이다. 뜬소문이 바람 불어 구름이듯 두둥실 허공에서 떠다녔다. 말들이 허리 감아 휘돌던 경계를 이루는 부근이었다. 우연한 기회에 농지 이천여 평을 구입한 적이 있었다. 지목은 답논이었지만 역할이 기대되지 않는 박토였다. 근처 마을에 대지 삼백 평이 딸린 초가삼간도 소유했다. 부족한 재원은 빚으로 충당했다. 투잡의 시작이었다. 모내기를 위한 못자리를 만들었지만 벼와 피도 분간을 못 하는 건달 농부였다. 농지 소유법을 지키려면 어쩔 수 없었다. 텃밭은 꽤나 넓었다. 남들이 하는 대로 흉내를 내보았다. 고추, 파, 무우, 배추, 감자 등을 심었지만 아마추어 농부의 손에서 수확의 풍요로움은 기대하기 어려웠다.

하늘빛 닮은 김장배추 밭두렁에 나래 편다. 구월의 한낮 볕이 따끔따끔 가시침을 쪼아댄다. 펑퍼짐한 엉덩이 똬리를 틀고 있다. 서릿바람 옷깃 여미고 수은주 콜록 소리 콧물을 훌쩍거린다. 질끈 맨 머리띠는 엊그제 알곡을 털어낸 볏짚이었다. 노란 살 보듬어 오동통 살찌웠다. 동짓달 상강 꽃 허리 두른다. 아람으로 자란 배추는 바라만 보아도 배가 부르다. 이웃집 아낙의 도움으로 김장 김치 담그는 흉내를 냈다. 씨 뿌려 가꾸면서도 설마했는데 하면 된다는 기적을 만들어내었다.

　묵은지가 되었어도 발효된 신김치 맛을 그때는 좋아하지 않았다. 익기 전 날김치를 더 좋아했다. 나이 드니 입맛도 익어간다. 소슬바람 불어드니 묵은지 향기도 그윽하다. 개운죽 밥상에도 맛있는 물을 주어야겠다. 살아 숨 쉬는 기쁨을 만끽하라는 사랑을 전한다. 나의 황금빛 마차는 몽당연필 씽씽 새하얀 꿈속을 달리고 있다.

# 어디쯤 서성일까

 형수가 정신을 잃고 쓰러지셨다는 연락을 받았다. 연세는 높았지만 평소에 그런대로 건강하신 편이라 그렇게 쉽게 쓰러질 줄은 생각도 못 했었다. 역시 나이는 속일 수가 없는가 보다. 병상에 누워 계신 중에도 서울 작은아버지가 보고 싶다고 나를 찾으셨다고 했다. 한평생을 살아오며 처음 들어본 일이었다.

 연락을 받고 찾았을 때는 깨어나기는 했어도 정신이 오락가락하는 듯 같은 말을 반복한다. 어눌하기는 했지만 나도 잊혀진 궁금증을 풀기 위해 묻고 또 물었다. 또래분들 모두 앞서 저승으로 떠나고 이제는 홀로 남아 잊혀지는 고향 마을의 전설이 되었다.

 오래간만이다. 전에도 명절 때면 노안의 형수를 뵙기 위해 가끔씩은 들렸었다. 이제는 큰 조카 내외도 할머니 할아버지가 되었다. 명절 때면 아들 며느리 외 손주들까지 떠들썩했다. 나까지 상전으로 짐이 될까 봐 바쁘다는 핑계를 들어 거르기는 했었다.

  내가 태어나 암울했던 어린 시절을 보낸 고향마을이다. 그 무렵에는 따듯한 정이 흘러 포근했었다. 개발의 물결에 여기도 예외가 될 수 없었다. 쟁기골 밭두렁엔 굴뚝이 구름을 뚫고 돌아가는 기계 소리에 삶의 얼굴들도 모두가 낯설다. 갈수록 정을 나눌 수 없는 골목길은 아득한 꿈을 꾼다. 지나온 세월이 너무 길어 생각도 희미하다. 오늘따라 무슨 바람인지 뇌리를 스쳐가는 기억을 더듬어 본다. 이리 뛰고 저리 구르던 개구장이 소년은 백발을 바람에 주고 노신사가 되어 잃어버린 기억을 더듬어 골목길을 누비고 있다.

  헛기침에 기척을 내어도 굳게 닫힌 창문들이다. 낯선 방문자를 보아주는 이 하나 없다. 제 밥그릇 뺏길까 봐 누렁이들만 멍멍 아는 체를 한다. 싸늘한 골목길에 바람만 오고 간다. 흙담집 초가지붕 추녀에 걸린 아련한 추억만 어렴풋하다. 내가 태어난 집도 짐작만 할 뿐 흔적 없이 사라지고 빌라촌이 들어섰다. 우후죽순처럼 공장이 들어서고 낯선 사람들의 안식처로 변모한 모습이다. 그나마 고향을 지키던 몇몇 낯익은 얼굴들조차 보이질 않는다.

  유일하게 마을 초입에 대궐 같은 집을 짓고 큰아들 내외와 고향 마을의 전설로 남아 노후를 기대고 있는 큰 형수의 근황이다. 나의 형제들 모두 앞서가고 집안을 통틀어 제일 어른이다. 나는 그 뒤를 바짝 기대어 있다. 살아오며 우리 집안의 내력을 가장 또렷하게 기억할 수 있는 역사의 증인이기도 하다. 나보다는 열 살이 더 위다. 내 나이 일곱 살때 시집와서 온갖 설움 깊은 믿음에 묻어 놓고 원망 없이 살아온 기구한 운명이었다.

  얼마 전 일이었다. 읍내 성당을 다녀오다 집 앞에서 갑자기 정신을 잃고 쓰러지는 순간에도 병원을 제쳐두고 신부님을 먼저 찾으셨다고 했다. 죽음의 순간에도 하느님께 의탁하고 싶은 믿음인 듯했다. 소식을 받았을 때는 전처럼 꿈을 꾸다 깬 것처럼 의식이 돌아왔다고 전해왔다. 안도의 숨을 쉬면서도 설 명절 인사도 드릴 겸 해서 찾아뵙고 싶었다. 자칫 마지막이 될 수 있다는 노파심에 들뜨는 마음을 재촉했다.

흙담집 초가집이다. 어릴 때 기억조차 나이 뒤에 숨어 버렸다. 장독대 담장을 끼고 아름이 된 대추나무 하나가 기울어진 담장을 기대주고 있었다. 언제 심었는지는 알 수 없었다. 누가 심었는지를 들어본 적도 없다. 다만 대추나무의 등을 기어오르는 인동 넝쿨은 아버지가 심었을 가능성이 크다는 짐작이다. 유일하게 인동 넝쿨의 약 효능을 알고 있는 분이었다. 조끼 주머니에는 대가지 한 매듭으로 만든 침통에 날카로운 침 몇 개가 항시 병을 기다리고 있었다. 용하다는 소문은 근동에 꼬리를 달았다.

툭하면 하루거리에 자주 걸렸던 나는 말려둔 박속과 흰 줄금이 그려진 검정콩, 그리고 마른 대추 몇 알을 함께 삶아 그 물을 마시고 코끝에 침을 맞으면 신기하게도 증상이 없어졌다. 전해오는 하루거리는 학질, 또는 말라리아라고도 부르며 이름도 다양하다. 학질모기에 물려 전염되는 질병으로 한번 걸리면 고열로 인한 떨림과 오한 발작 등으로 인한 증세로 죽음에 이르도록 하는 무서운 전염병이었다. 그것을 하루거리로 달고 살았다. 그때마다 민간요법인 인동 넝쿨의 효능과 코끝에 침 맞기로 위험을 피했었다. 침쟁이 아버지를 둔 덕분이었다. 인동 넝쿨은 대추나무와 항상 키재기를 했다. 대추가 익어질 때면 한해 자란 가지를 꺾어 새끼줄에 묶어 처마 끝에 매달면 그게 약이 되었다. 병원이 있었는지 기억조차 없다. 설사 알았다 한들 병원에 가기보다는 죽음을 선택하던 길이 빠른 시절이었다.

이제는 살아있는 전설의 숨소리도 갈수록 가팔라진다. 나도 여유롭게 비켜 갈 수는 없다. 그 뒤를 묵묵히 따르고 있다. 전해 듣는 소식만 귀에 익어 어렴풋하다. 또래들도 이제는 세상을 버리고 떠난 이가 많다. 그나마 숨 쉬는 소식도 외지로 떠나 마을을 지키는 터줏대감들이 동이 났다. 유일하게 남은 형수의 전설뿐이다.

하루의 일과다. 야산 자락 비탈을 베고 누운 배 과수원 사이를 바람과 함께 비집는다. 전동 휠체어를 손수 운전하며 오고 가는 일상생활의 연속이었다. 몸에 밴 부지런 함 때문에 여분의 땅을 잠시도 쉬게 하지 않았다. 마늘 고추 고구마 등, 배꽃 필 때 심고 들국화 필 무렵에 수확을 했다. 해가 뜨고 질 때까지 볕이 짧아 별을 센다. 구십이 넘어서도 부지런한 삶을 잠재울 줄 몰라 했다.

그런 분이었다. 이제는 기력도 정신도 세월에 파먹혀 존재마저도 허공을 부르고 있다. 성난 파도를 헤쳐온 희망의 전설은 어디쯤 서성일까, 황혼빛 보듬은 호수의 비단결 같은 잔잔한 물비늘이 고웁다. 그 얼굴에 나를 담근다.

3부

# 까치 소식

 안녕을 전달하는 우체부가 되었다. 우표 없는 엽서 소식 톡톡 찍어 준다. 한강 끼고 빙글빙글 돌다, 설악의 청초호에 발을 담근다. 천안 삼거리를 돌아 경기도는 군별로 서울은 동별로 경상도를 거쳐 전라도를 휩쓴다. 하루아침에 전국의 우체통을 발칵 헤집는다. 바쁘게 손가락이 돌아간다. 그 소식 기울다. 꿈속에서 소식을 듣는 깜깜한 이도 있다. 카톡으로 밤새 안녕을 부르고 나는 숨을 쉬고 있다는 전갈이다. 자고 새면 안부를 묻고 대답하는 것이 일과의 시작으로 자리매김하고 있다. 오던 소식 게으르면 궁금하고 받으면 반갑다.

 인정 없는 나이테 허리 감아 휘돌고 좁아드는 촌음은 비틀대는 발자국이다. 세월에 파먹힌 고목들의 대화가 담소 마루에 턱을 괴고 앉았다. 건강에 대한 유익한 정보를 나눌 수 있는 순간을 행복이라 여기고 있다. 실천 없이 듣고만

있다. 게으름이 작심삼일을 만든다. 고목만이 갖고 있는 옹고집 특성이다.

 육 년 전 일이었다. 아이들 성화에 못 이겨 폴더 폰에서 스마트폰으로 바꿨다. 처음 접했을 때는 막막하기만 했다. 혼자 할 수 있는 게 아무것도 없었다. 전화나 걸고 받는 정도였다. 사용하는 방법을 듣고 배운들 돌아서면 까먹었다. 눈앞이 캄캄했다. 폰맹에서 탈출하고 싶은 마음 간절했다. 형광등 닮은 머리 쿡쿡 박으며 노력도 할 만큼 했다. 요술쟁이 녀석에게 흠뻑 빠져들었다. 노트에 글을 쓰고 쓴 것을 응용하며 카톡을 주고받는 데는 불편함이 없다. 기어가는 정도인데 뛰는 줄 착각하고 신바람이 났다.

 고목으로 그늘 기대 멍석 깔고 다리 편다. 건강을 고민한다. 오랜 기간을 살기 위한 걱정이 아니다. 휘청하는 순간까지 내 발로 걷고 싶다. 치매에 걸려 영혼을 잃고 방황하는 육체의 고뇌를 보았다. 지인의 어머니셨다. 보살피는 가족들 손길도 갈기갈기 찢기는 아픔이었다. 영혼이 텅 빈 육체만 자유롭게 뒹굴고 있다. 고요한 가정에 폭풍 전야의 무거운 침묵이다. 예방 수칙에 대한 관심이 많다. 운동 처방은 물론이고 두뇌의 활성화로 훈련하는 방법도 다양해 졌다. 알듯 말듯 헷갈리기 쉬운 문제 풀기와 고사성어 단어 맞추기 등이 주를 이룬다. 한가한 노인들이 심심풀이로 하는 동전 내기 고스톱도 도움이 되는 방법 중 하나로 꼽힌다.

까치 배달부의 아침 뉴스다. 그림 모형과 색깔의 구분을 통한 정신 연령을 측정 분석하고 결과까지를 볼 수 있는 문제 풀이다. 꽃 그림과 각종 색을 묻는 말에 원하는 순서대로 문제를 풀어나간다. 반복으로 문답 과정을 거치면 최종으로 답이 나온다. 문제의 형성 과정이 증명되었다고는 하나 신뢰에 의문이 없는 것은 아니다. 결과에 따라 희비가 엇갈리는 마음은 어쩔 수가 없다. 댓글을 보면 10대 청소년이 30대로 나온다고 괜찮을까요? 걱정스러운 글도 뜬다.

나의 결과는 좀 엉뚱하다. 혹시나 하고 반복을 해보았지만 같았다. 해설이 걸작이다. 당신의 정신 연령은 30대 수준이라고 했다. '당신의 마음은 에너지로 가득 차 있고 도전할 줄도 알고 창조적이면서 책임감도 강한 성인입니다.'라고. 문제를 보내준 벗에 알려주니 꼭 맞네요, 듣기 좋은 말에 귀가 즐겁다. 그 후로는 치매 예방을 목적으로 만든 두뇌 게임에 관심을 가졌다. 얼마만큼의 효과가 있는지는 알 수 없다. 믿거나 말거나다.

나이가 들어갈수록 혼자 생활하는 내가 갑작스러운 변고가 생길까 하는 아이들 걱정을 덜어주려고 '병아리 삐약삐약'이라는 톡방을 만들었다. 눈을 뜨면 내가 숨 쉬고 있음을 알려주고 답을 받는다. 고독사로 장시간 방치되는 민폐는 피하려 한다. 살랑살랑 까치 소식 귀간지는 봄바람이다.

# 흔적을 남긴다는 것은

 생각 밖의 일이었다. 수필집 『단풍 물든 노신사의 풍류 노트』를 선물했다. 축하 향응에 초대받았다. 비슷한 경우가 몇 번 있었지만 남달랐다. 케이크에 촛불을 켜고 와인잔이 입술을 부딪칠 때마다 진심에 흠뻑 취했다. 왠지 옛 생각이 난다.

 살길 찾아 방황하던 그믐달도 고이 잠든 칠월의 밤이다. 가로등은 어둠의 틈새를 비집고 냇물에 담긴 두 그림자 사비나와 분도는 물결 따라 흔들렸다. 쌍 다리 밑으로 흐르는 원주천 맑은 냇물은 화전민의 고향인 치악산 시루봉 골짜기를 타고 내린 물이 원천이나. 산골메기, 버들치가 수영하는 곳이다. 장대비라도 내리면 한 키 물살 타고 수박만 한 돌들이 공기놀이한다. 냇가에 둘러싸인 다랑논에는 한길 자란 벼들이 바람에 몸 비비는 사랑을 한다. 잠낀 미물던 그곳에서 내 역사의 한 획을 그었다.

한 여인과의 약속을 지켜내려 수많은 태클에 걸려 쓰러졌다 일어나기를 반복했다. 모르고 있을 뿐이지 흠 없이 완벽한 사람은 얼마나 있을까? 포장마차 술잔 속에 푸념을 듣기만 하던 누나같이 마음이 따듯한 세 살 연상의 여인이었다. 연인 관계도 아닌데 돌아서면 보고 싶었다. 끌리는 마음은 비슷했다. 잔술의 힘을 빌려 현실과 과거를 모두 털어 내었다. 믿음으로 고백한 서로의 과거를 잊기로 했다. 외로운 현실 앞에 갈수록 깊어만 갔다. 답이 없었다. 젊음이라는 뚝심 하나로 모든 장애를 무릅썼다. 이듬해 겨울이었다. 단구동 성당에서 분도와 사비나는 주님께 감사하며 주례 신부님 앞에서 혼배미사를 올렸다. 암울한 시절이었다. 한때는 삶의 기준을 굵직한데 두었다. 욕망을 만족하게 할 때까지 채우기 위한 몸부림을 기도했다.

두 딸을 둔 가정을 만들었다. 주변 또래보다는 빨랐다. 특별한 재주가 있는 것도 아니었다. 한번 맺은 인연들과는 언제나 믿음을 주고 신의를 지킨 것이 큰 힘이 되었다. 삼만 원 전세살이 일 년 후였다. 막걸리잔 속에 다져진 객지 선배였다. 건축 자재를 생산 판매하는 사장이었다. 어렵사리 그의 땅까지도 빌리고 재료비는 모두 외상이었다. 그 위에 살림집을 짓겠다는데도 흔쾌히 승낙을 해주었다. 난생처음 보금자리를 지어 보았다. 고생한 만큼 살아보고 싶었는데 약속을 지키기 위해 집값을 뻥 튀겨 팔고 외상 빚을 갚았다. 삶을 그렇게 배워 갔다.

  아무래도 처부모님은 나의 능력을 과대평가하신 듯했다. 처음부터 탐탁지 않게만 여기던 나를 믿고 정든 고향 생활을 접고 쉽사리 서울을 선택할 리 만무했다. 곁에 있다고 해도 세상을 배우며 살아가는 나로서는 두려움이 앞섰다. 남은 생 잘 보살펴 드려야 본전이고 잘못하면 불효였다. 처가 형제들이 일남 오녀. 딸 부잣집에 큰 사위다. 막내가 처남이었다. 코흘리개 막내 처남을 안고 이화동 달동네에서 뜀박질도 했다. 막내 처남이 이제 육십이다. 운명으로 맺어진 대가족과의 만남은 룰이 없었다. 생각보다는 잘 견뎠다. 부의 가치에 무게를 둔다면 고향을 정리하고 올 때보다 부쩍 값어치가 높아졌다. 몸도 마음도 편안한 노후의 서울 생활에 만족을 하였다. 미련도 아쉬움도 많았지만 대체로 무던한 삶이었다. 어렸던 형제들도 순간의 끈을 이어가며 튼실하고 행복한 삶을 누렸다. 많은 사람이 부러움을 샀나. 지금은 막내 처제가 나의 바통을 이어받았다.

뉴타운 재개발로 등 돌린 지 이십 년만의 발걸음이었다. 모두 잊고 싶었기에 살던 집터의 기억도 어렴풋하다. 버스가 다니던 길가였다. 변해버린 아파트가 가뭄 끝에 비를 맞은 죽순처럼 키재기를 하고 서 있었다. 하늘도 날개 접고 틈새로 풀어 헤친 깃털 구름만 얼굴 삐쭉 아는 체한다. 시멘트벽에 가려져 펼 수 없는 골목에 바람도 답답했다. 그 옛날 낮은 곳에서 손을 잡던 정겨운 인연들은 어느 곳에 있는지.

'모래내' 북한산 골짜기를 타고 내리는 홍제천 줄기였다. 비 온 끝에 물이 쓸리면 개천가 낮은 곳에 모래섬을 이루었다. 그래서 붙여진 동네 이름이다. 서울에 정착하고 생활의 반쯤을 살아온 가난한 삶의 터전이었다. 나지막한 집들의 생김도 주변의 생활 수준도 나와 비슷했다. 발전할 가능성이 곳곳에 웅크리고 있었다.

짝지의 몸은 가냘팠다. 마음은 큰 나무 그늘이었다. 부모와 형제에게는 극진한 사랑의 표상이었다. 친정집 먼 인척들까지 포용했다. 대접이었다. 물심양면으로 베풀 줄만 알았다. 후일 돌아온 것은 배신이었다. 본인이 병들어 아파할 때는 낯가림이 심했다. 짝지가 떠나고 난 후에 나는 아예 문을 닫아 버렸다. 그토록 가깝다고 존경하던 이종사촌 오빠라는 위인이었다. 짝지의 부음을 직접 전화로 전했다. 모르쇠로 일관했다. 약삭빠른 배신감에 김빠진 맥주만 벌컥댔다. 바보인지 군자인지 콩밭에서 팥씨로 태어난 외로움의 몸부림이기도 했다.

  혼인성사 미사 전에 상담했던 신부님의 말씀이었다. 헤어지는 슬픔에도 후회하지 않겠냐고, 외나무다리를 건너는 우리가 위태롭게만 보였는가 보다. 나는 한 가정을 지키는 전설이 되고 싶었다. 미움도 원망도 모두를 잊고 숨을 쉬고 있는 것으로 지금 나는 만족한다. 숨을 쉬니 대하는 가슴들이 품에 안긴 듯이 따듯했다. 앉아야 할 자리가 군데군데 이가 빠졌다. 갈수록 자리는 비어만 갈 것이다. 이제 채울 것도 뺄 것도 없다. 남은 인생 길고 짧은지 가는 데까지 가보는 거다. 나의 글이 흔적을 남긴다. 가족도 없는데 그곳에 내가 글로 남았다. 수필집 한 권에도 담지 못한 이야기들이 자꾸만 올라온다. 말아든 오 년을 들고 붉은 나를 돌아 나왔다.

노을 강 푸른 물에 홍시 풀어 색칠한다. 황혼 물든 노을 꼬리는 별 하나에 나 하나. 퍽이나 닮은 꼴이다.

# 지금의 나는

 요즘 들어 갈증이 심하다. 물을 먹는 횟수와 양이 많아 화장실 가는데 불편함을 느낀다. 밤에는 특히 더하다. 혹시나 해서 혈당검사를 해보니 공복 수치는 정상 고점보다 삼십 퍼센트 높고 식후에는 거의 두 배가 넘는다. 수년째 경증 당뇨 질환으로 약을 먹고 있었다. 알고 있는 병이라 그러려니 했는데도 당황스럽다. 같은 시기부터 고혈압도 만성으로 약의 신세를 진다. 진행을 늦출 수는 있어도 완치된다는 보장은 없다. 약을 먹고 완치될 것을 바라는 것이 부질없다는 것을 아는 데는 그리 오래 걸리지 않았다. 흔히 말한다. 나이가 팔십을 지나면 건강이 사람마다 정도의 차이는 있어도 한 치 앞 뒷일뿐이라고. 주어진 만큼 만족하고 아프면 달래며 사는 것이 정석이다. 건강도 마음도 가진 만큼 족해하며 홀가분하게 살자 했었다. 가끔 찾아오는 건망증 때문인가 오래 쌓인 노파심을 버리지 못한디.

참 딱한 푸념을 하고 있다. 단골 병원 의사도 뻔히 알고 있는 사실이다. 증세가 좀 심해졌다고 공연히 안절부절이다. 주어진 운명대로 사는 게 인생이다. 검사한 결과에 맞춰 약을 먹으면 될 것이다. 안 먹어도 그만이다. 안 먹는다고 명대로 못 살 것도 없다. 그게 무슨 당장이라도 죽을병이라고 설레발을 친다. 달구지 장에 가니 나도 간다는 모양새다. 또래들 셋 중 하나는 앓고 있는 만성 병중 하나다. 오랜 세월 투병 생활로 몸소 체험했다는 말에 귀를 쫑긋해 본다. 경험에 의한 병의 증세와 합병증에 해박한 지식을 갖고 있다. 하지만 지금까지도 인슐린 주사를 직접 맞으며 당뇨병을 놓지 못한다. 모든 병이 그렇지만 한번 물리면 질기고 까다롭다. 증상에 좋다는 약도 건강식품도 어지간히 많다. 먹기만 하면 금방이라도 훌훌 털어낼 것만 같다.

 칠십 대 중반까지만 해도 모든 게 정상이었다. 그것도 병이냐고 관심도 없었다. 어쩌다 지금은 그 병에 몸살을 앓고 있다. 무릎 인공관절 수술 후 통증을 덜어주는 진통제와 환부의 화농을 예방하는 소염제를 먹었다. 어떤 부작용의 성분이 함유된 것까지는 알 수 없었다. 수술 상처가 아물도록 병원에서 처방을 내렸다. 수술 전 검사에도 정상이던 혈당 수치가 삼백 사백까지 오르내렸다. 하루에도 인슐린 주사를 수도 없이 맞았다. 물어도 이렇다 하는 설명도 없었다. 흔히 생기는 것처럼 대수롭지 않게 여겼다. 그때 원인을 밝혔어야 했는데 수술 후 고통으로 경황이 없었다.

 그 후부터 혹 떼려다 당뇨병 환자가 되었다. 약을 먹기 시작했다. 한동안 잠잠하더니 요즘 들어 혈당의 수치가 걷잡을 수 없이 들쭉날쭉이다. 약의 후유증인 듯 했다. 혈당 측정기를 구입했다. 병원에 오가는 것이 번거로웠다. 정해진 시간표에 맞춰 며칠 동안을 공복 혈당과 식후 두 시간 후 측정해 보았다. 음식은 평소 그대로 가리지 않고 섭취했다. 분식으로 매일 한 끼 정도는 먹은 셈이다. 혈당 수치가 표준치를 훨씬 상회하고 있다. 지금 먹고 있는 약으로는 조절이 어려운 듯하다. 당화 혈색소 등을 검사하고 상태에 따라 약을 조정하면 될까. 알고 대처하는 것이 도움이 될 것 같아 귀를 기울였다. 당뇨병이란 것이 췌장의 인슐린이 정상적으로 분비되어도 활성도의 저하로 혈당 수치가 높아지는 증세라고 했다. 혈액 속 포도당을 에너지로 활용해야 함에도 혈액 속에 남겨지거나 아니면 수변으로 배출되는 질병이라 했다. 많이 먹고 마셔도 다뇨로 무력감과 의욕 상실, 체중 감소 등 후유증이 따른다. 끝내는 합병증으로 이어진다는 것이 특징으로 먹을 것이 부족한 시절에는 들어본 적도 없는 병명이다. 결국 풍요로운 식생활이 가져온 결과이다. 불규칙한 식생활도 영향을 미쳤을 것이다. 그저 편리한 대로 살아왔을 뿐이다.

나무는 파 먹힐수록 고목이 된다. 허리가 꺾여도 흔들리고 싶지는 않았다. 지금의 나는 병에 대한 근심과 걱정할 나이는 아니다. 그저 참고 즐기며 사는 도리밖에 없다. 뾰족한 수를 더 바라는 것은 노욕이다. 사서 하는 걱정은 갈 길에 재만 뿌릴 뿐 도움이 안 된다. 하고 싶은 것을 하고 그저 병에 좋다는 밀밥, 청국장, 묵은지, 똥딴지까지 고루 먹는 데 주저하지는 않을 것이다.

주어진 건강에 만족한다. 이게 어디냐고 두 손 모아 감사한다. 내 나이 여든넷에.

황홀한 빛의 향연이다.

# 찔레꽃 가뭄

 꽃피는 오월에는 천수답도 서럽다. 삶의 아픔을 쪼아대는 가시 또한 섬뜩했다. 어김없이 보릿고개를 등에 지고 가쁜 숨을 몰아쉰다. 까칠한 봄볕에 비쩍 마른 얼굴은 부뚜막에 앉은 무쇠솥 숯 그을음도 비켜 갔다. 배가 툭 꺼져 쟁기 끄는 암소다. 어그제 엄마 되어 젖줄도 배배 꼬여 철없는 송아지 등어리에 앉았다.

 입술은 비쩍 말라 사막의 바람인데 오아시스 맑은 샘도 신기루에 숨어 버리고, 삽자루에 기대선 허수아비 꼴이다. 온몸은 참새들에 찢겨 앙상한 뼈만 남았다. 밀짚모자 반쯤은 너덜너덜, 숯검정으로 그려진 눈도 감은 지 오래다. 쟁기골 지난 자리 하얀 가슴엔 바람 부는 틈새가 넓다. 웅덩이 쥐어짠 물로 끼니를 때우던 모자리 판도 뿌리만 겨우 숨을 쉬고 있다. 젖줄 달린 눈망울들 부뚜마에 끄벅 졸고 있다.

하늘의 도우심이다. 망종이 해설피 기울어간다. 구름이 하늘을 덮는다. 초가집 추녀 끝에 젖줄이 흘러내린다. 손이 짧아 부지깽이도 춤을 춘다. 돌고 도는 수레바퀴다. 망종 지나 심은 수확은 반쯤도 기대할 수 없어도 울며 겨자 먹기 식으로 뺄을 수도 없다.

고향 씻어내리는 물 실개천을 돌아선다. 냇물 넘실 피라미떼 갈대숲에 한가롭다. 잡으려는 마음은 술래가 된다. 어쩌다 꽈리고추 조막손에 잡혀준다. 검정 고무신 한 짝에 배를 띄운다. 물텀벙 개구리 수영은 한낮 볕을 깨운다. 깡마른 올챙이는 넓고 예쁜 집을 짓고 싶어 했다. 나이도 모르는 지금의 늙은 집을 좋아하지 않았다. 반쯤은 주저앉은 초가지붕 작은 방에 얽히고 설킨 발이 싫었다. 등잔불도 호야불로 바꾸고 싶었다.

두꺼비를 부른다. 헌 집 줄게 새집 다오 손등 위에 모래집을 지었다. 안방 지나 건넛방을 귀틀 돌아서 내 방도 따로 있다. 남쪽으로 창문 하나 북향으로 또 하나 바람이 오고 가는 시원한 골목방이었다. 넓은 터를 잡는다. 갈대 꺾어 담장을 만들었다. 내일은 사랑채도 지을 것이다. 밤사이

비가 내렸다. 빗물이 밟고 지난 자리에는 흔적마저 쓸어갔다. 괜찮다. 집은 더 크고 넓게 또 지으면 된다.

햇살 먹은 물비늘만 꼬리치며 넘실댄다. 냇물은 깊고 넓어졌다. 넓어질수록 건너기가 어려웠다. 콧물 훌쩍 소매 끝에 닦아내던 나의 키는 황혼이 되었다. 배고픔을 알고 뼈저린 고통을 참아낼 줄도 알았다. 검불 인생으로 훅하면 날아갈 듯 살얼음을 밟으며 살아온 인생이었다.

찔레꽃 가뭄에는 더욱 그랬다. 세끼 때가 되어도 육십여 개 굴뚝에 피는 연기는 한두 개에 불과했다. 절반은 한두 개로, 남은 것은 굴뚝새의 놀이터가 되었다. 미련도 아쉬움도 모두 떠나갔다. 걸머진 무게를 홀가분히 털어낸다.

어깨가 가볍다. 가진 만큼 움켜쥔 주먹을 펼 것이다. 천수답에 흐르는 물을 닮고 싶어한다.

간밤에 울던 시린 바람도 마른 가지 보듬어 싹을 틔운다.

황혼꽃 노을 향기 달빛 미소가 고웁다.

# 눈 덮인 길 위에서

한해 담은 등걸을 걸머진다. 동해안이 손짓한다. 이정표 따라 시간표 위를 걷기로 했다. 가는 토兎끼리 잘 가라는 인사도 건네주고, 동해의 수평선을 박차고 오르는 미르의 늠름한 기상에 희망을 노래하며 손뼉을 치고 싶었다.

새벽부터 내리는 눈이 발목을 잡으려는 가보다. 앙상한 가지에도 목화꽃이 늘어지게 피었다. 하늘 향한 얼굴은 틈새가 없다. 새하얀 이불 덮여 마음도 포근하다. 한 해 가는 그믐달에 내가 사는 서울 하늘에 이렇게 큰 눈이 내리는 것이 사십삼 년 만이라고 한다. 나는 눈을 좋아한다. 차갑게 닿은 손끝에서 순박한 여인의 마음을 닮은 포근함이 좋다. 서울살이 오십여 년 만에 두 번째다. 행운이다. 쌓이는 눈이 발목을 감싸 준다. 소금 뿌려 녹은 발자취만 남는다. 싸리비도 벽에 기대고 멍하니 서 있다. 사람도 자동차도 뒷짐 진 거북이걸음이다. 아무려나 기다리는 시간표를 놓칠 이

유는 없다. 떠돌이 집시 되어 마음은 언제라도 붕붕 뜨는 바람의 숨결이다. 그냥 좋다.

청량리역에서 출발하는 KTX에 몸을 기대었다. 창밖을 스쳐가는 눈 덮인 풍경은 보는 눈眼이 눈雪을 보고 설레는 마음이다. 창밖을 스쳐가는 산과 들 모두가 눈이 쌓인 만큼 뒷굽은 높아지고 구름은 가깝다. 눈 속을 헤쳐 가는 설국 열차다. 막내와 만나 강릉의 해돋이 바닷가에서 아쉬웠던 한 해를 보내며 희망의 새해를 맞이하고 싶었다. 들떠 있던 하루해가 눈 속에 숨고 나는 술래가 된다. 지팡이 한발 앞서 뚜벅이는 발걸음이다.

어둠 깔린 시야는 자동차 발자국만 빼꼼하다. 미끌대는 빙판이다. 엉금엉금 기어간다. 이정표를 따라가는 내일의 일정을 하늘과 땅을 보고 수정해야만 할 것 같다. 자연에 순응할 뿐이다.

뉴스 따라 어설픈 귀를 기울인다. 가려 했던 동해의 해돋이 행사도 사고를 예방하는 차원에서 취소한다고 했다. 일본 지진이 동해에 예고 없는 쓰나미로 밀려 왔다. 바닷가도 통제령이다. 보내는 해의 미련은 계획만 살아있고 흔적은 사라졌다. 아쉬움이 남는다. 최선이 아닌 차선을 선택했다.

 신년 새해 푸른 미르가 트림을 한다. 백두대간의 줄기를 타고 오대산을 걸쳐 서쪽 태기산을 지나온 눈 덮인 국립공원 치악산을 바라본다. 주봉인 비로봉을 중심으로 북쪽으로 매화, 삼봉, 남쪽으로 향로봉, 남대봉이 남북으로 걸쳤다. 지형의 모양새는 동쪽은 경사가 늘어지고 서쪽은 매우 급하다. 그 옛날 화전민의 고향이기도 하다.

 미르 해에 전설을 찾아가는 구룡사龜龍寺의 길목이다. 굽이굽이 금강소나무 숲을 따라간다. 발자국 옆으로 속삭이는 물소리는 구룡소를 거쳐 계곡으로 내려간다. 하늘 아래 첫 동네라는 거북바위에 구룡동천龜龍洞天이라 새겨진 글을 보듬는다. 백두대간의 주맥이 오대산을 거쳐 치악산에 이르고 구룡사는 오대산 월정사의 꼬두람이 사찰이다. 지금의 절터에서 아홉 마리 미르와 의상대사가 도술 시합을 했다는 창건 설화가 전해진다.

일주문인 원통문을 지나 사천왕문을 들어선다. 구도의 계단을 올라 보광문을 지나 대웅전 앞에 고개를 숙였다. 하얗게 덮인 준령을 넘어온 미르는 신비의 그 얼굴에 미소를 진다. 두려운 가슴 속에 와락 안긴다. 짜릿한 전류가 파고든다. 우람한 기상을 듬뿍 받은 듯 기쁨이 샘 솟는다. 몸도 마음도 나는 새가 된다. 순간을 스쳐간 몽롱한 느낌이다.

 구룡소를 건너는 출렁다리를 건너 명산의 둘레길에 들어섰다. 눈길은 오가는 발자국이 만든 미끄럼이다. 지팡이에 의지한 발걸음이 위태하다. 툭하면 비틀거리다 엉덩방아를 찧어대니 신경이 곤두선다. 저만치 앞서 비탈길을 내려오던 젊은이가 뒤로 쿵 넘어져 미끄럼을 탄다. 내게 주는 경고다. 지팡이가 되돌아가잔다. 가던 길 멈추고 오던 길을 밟았다.

 눈 덮인 길 위에서 계획된 시간표는 발목 삽혀 지워지고 자연의 섭리 따라 선택한 길이었지만 잘했다는 생각이다. 푸른 미르의 해가 중천에 올라섰다. 더도 말고 건강이 지금만 같으라고 은근히 기대한다. 왠지 내가 원하는 대로 잘될 것 같은 생각이다. 가슴을 활짝 편다. 싱그런 공기를 한껏 마신다.

햇수로 이년에 걸친 짧고도 먼 길이었다.

# 안 돈바리

 꿈도 야무지다. 콩은 문드러져 비지죽을 끓여도 돈바리 가득 싣고 노래하는 달구지를 닮고 싶어했다. 노, 라고 도리도리하는 안씨와 오케라고 끄덕이는 참 진씨는 전생에 사돈간 일수도 있겠다. 앞세우기 좋아하고 권력 갖기 좋아하는 사람들이 떼 지어 만들어낸 각 파의 성씨로 아니 안씨와 참 진씨는 존재감을 잃고 구천을 헤매는 것은 아닌가 하는 생각이다.

 안 돈바리*와 안 쩐바리는 그림자처럼 붙어 다닌다. 기분 좋으면 형님이고 혀 꼬부러지면 혀엉님이다. 형님 할 때는 돈바리고 혀잉님 할 때는 안 쩐바리다. 싫다는 사람에게 억지로 술잔을 주지 못해 안달하는 버릇도 있다. 표주박에 동이 술이 바닥을 긁을 때까지 술이 술을 부르는 주사치고는

---
* 돈바리, 쩐바리*(돈을 싼짐)

못 됐다. 그래도 귀여운 데가 있어 어깨를 내어준다. 부르는 곳 없으니 갈 곳도 없다. 비상금 두발은 굴러다닌다. 한때를 주름잡던 남자의 거드름은 어디에도 볼 수 없다. 한평생 처자식 먹여 살린다고 온갖 고생 다 했건만 정년에 쫓겨나 힘 빠지니 무시가 다 반사다. 그래도 인 심좋은 아내 만나 삼식이로 인정 해주는 것만도 다행이라고 마누라 왈 감사까지 하란다. 지혜가 모자르면 눈치라도 있으라고 말이다. 어쩌다 주제파악 못하고 커피 한잔 부탁해 이 말을 버리지 않고 쥐고 있으면 간덩이가 큰 삼식이다. 보기 좋게 싸대기 깜이다. 알아서 기면 밉상이나 면한다. 웃목 벽에 걸터 앉은 네모진 얼굴은 리모컨이 움직일 때마다 웃기고 울린다. 마누라가 주인이고 꼬리 살랑 흔들어야 짬을 준다. 그것도 감지덕지다.

기죽어 살으라는 법만도 없었다. 질척이는 날 호박이 넝쿨째 떨어진 안 돈바리의 날도 있었다. 봄비가 처마 끝에 매달려 쫑알댄다. 이런 날에는 걸쭉한 탁배기잔에 빈대떡이 제격이다. 서툰 솜씨로 진가를 발휘했다. 맛이 별로 인지 입을 안 움직인다. 옆에 누운 침대가 업어 달라 재촉한다. 행여나 하고 은근슬쩍 마누라 손을 잡으니 송충이 벌레

털듯 기겁을 한다.

　소나무와 젓나무가 초록은 동색이라 우애를 자랑하지만 안 돈바리와 안 쩐바리도 같은 성씨를 갖고 피를 나눈 형제다. 안은 성이요 돈바리는 이름이다. 인생의 꼬리 잡고 남의 집 마당지기로 삼십 년을 보냈다. 그동안 재주 많은 남들처럼 케묵은 달구지에 돈바리 그득 싣고 금의환향 하고는 싶었다. 재주가 고만이라 채워진 그릇이 간장 종지에 불과했다. 속 시원히 한 번도 퍼먹지도 못하고 찍어 먹는 것으로 만족할 수밖에 없었다.

　삼식이 신세로 방콕을 여행한지도 세 돌이 지났다. 때마다 콕콕 쥐어박는 마누라 잔소리에 멀미가 난다. 하루가 멀다하고 불러주던 비슷한 손짓들도 뜸하다. 울퉁불퉁 함께 걸어온 그 길을 방향 잃고 더듬는다. 거울 속에 비친 안 돈바리의 얼굴도 김빠진 풍선이 되었다. 녹이 슨 황혼의 틈새가 삐그덕 덜컹 푸념을 한다. 서릿꽃 더벅머리 홀씨되어 날으더니 휘영청 정수리에 보름달이 둥실 떴다. 듬성 남은 가지 위에 참새가 둥지 틀고 입맛을 다시다. 쪼아먹는 음식 맛이 즐거움도 늘숨에 걸려 사래 치고 날숨으로 뱉어낸다.

우물우물 씹다가 탈출 하기 일쑤다. 고개 돌려 비켜 간 얼굴들이 한번 돌아서면 함께하길 꺼려한다. 이래저래 정상으로 돌아가는 부분이 별로 없다. 두드려 고쳐 살면 될 것이라는 희망이다. 머슴살이 삼십 년에 얻은 훈장이었다.

  누운 자리 포근하던 청춘도 가버리고 긴 밤 잠 못 이루고 이 마음 저 생각에 꿈꾸는 하품만 길다. 세상은 사사건건 트집도 많더니 젊음이 식으니 관심도 없다. 안 돈바리 식곤증은 앉아서도 잠을 부른다. 침까지 질질 흘리며 추접을 떤다. 행여 누가 보았을까 깜짝 놀라 훔친다. 마누라에게 밉상만 늘어간다. 게으름 뒤에 오는 느긋함이 만들어낸 버릇이다. 젊어 한때는 하얀 정장에 빨간 타이를 매고 한껏 멋을 내기도 했었다. 황홀 한 네온 불빛 아래서 부르스를 부둥키던 백구두도 시들해졌다. 청바지 차림에 운동화가 편하다. 탁배기를 부르다가 지친 이름들도 하나 둘 지워져 틈새만 넓어져 간다. 잔술에 피리 불던 어렴풋한 얼굴들이 아 옛날이여를 부른다.

  나 홀로 꿈나라 성주가 된다. 백마를 타고 광야를 달린다. 전화벨이 요란스레 울린다. 삼류 러브 스토리를 읽어가

듯 알 수 없는 넋두리를 혼자서 읊어 댄다. 낯선 여인의 목소리였다. 듣는 귀가 어설프다. 자기를 기억 못하겠지만 그녀는 안 돈바리를 잘 안다고 했다. 저녁이나 함께 하잔다. 꼭 만나 달라는 부언이다. 힐긋 마누라 눈치를 본다. 조금은 궁금한지 누구냐고 묻고는 관심 밖이다.

들뜬 마음으로 사우나를 다녀왔다. 이용실에서 예쁘다 멋을 내고 정장에 타이도 매었다. 오랜만에 차려보니 어색하긴 해도 옛날 멋이 조금은 남은 듯했다. 약속 장소인 호텔 커피숍으로 갔다. 들어서는 안 돈바리를 먼저 보고 손을 흔든다. 얼굴도 예쁘고 자태가 아름다운 눈이 부신 여인이었다. 더듬어 보아도 처음 보는 사람이 분명하다. 낮 도깨비방망이에 뒷머리를 맞은 듯 띵하다. 혼줄마저 달아났다. 생각이 안절부절 흔들린다. 가볍게 목례를 하고 자리에 앉아 자기소개를 한다. 여고 시절부터 흠모했단다. 한동네에 살면서도 좋아한다 말 못하고 아쉬운 짝사랑에 이별을 남겼다고 했다.

부모님 따라 호주로 이민을 가 대학을 졸업한 후 영주권까시 취득하고 부모님 사업을 도와 사업도 번창해 걱정이 없다고 했다. 하늘의 시새움인가 부모님 사십 주년 결혼기념 여행길에서 교통사고로 외동딸인 자기만 남겨둔 채 유명을 달리하셨다고 흐느낀다. 고향에 부모님 소유의 부동산이 남아 있어 유산 정리차 국내에 왔다고 했다. 딱히 대화할 수 있는 연고도 없으니 체류하는 동안만이라도 술이나 나누자며 잔을 권한다. 낯은 설고 쑥스럽지만 좋아했다는 여인과 술잔을 나누다 보니 구면인 듯 착각했다. 취기가 오르고 밤 깊은 시간이 흐르자 호텔 칠층에 예약된 룸이 있으니 자리를 옮기잔다. 이번에 가게 되면 한국에는 다시 오기 어렵다고 은근히 기댄다.

엉덩이를 꼬집어 본다. 아프지 않는게 이상했다. 잔술 넘친 분위기에 취해 정신도 몽롱 해졌다. 에라 모르겠다. 걸리면 까물어치기 밖에 더하랴는 배짱으로 어슬렁 뒷짐지고 굶주린 늑대가 되었다. 눈 깜짝 여인은 윗옷을 벗어 던진다. 얇은 속옷 사이로 비치는 몸매가 황홀 절로 어깨를 기대 온다. 내 나이가 얼만데 가당키나 한 일인가? 술에 취한 용기도 한몫을 했다. 성도 이름도 모르는 여인을 부둥키고 하룻밤 풋사랑에 유행가를 목청껏 불렀다. 하늘에 별들이 초롱초롱, 시간이 얼마쯤 지났을까? 안 돈바리 손에 봉투 하나를 건네준다. 그 속에 일억 원이나 되는 통장의 잔금과 도장이 들어 있었다. 사는 동안 용돈이나 하란다. 순간에 돈바리가 된 눈이 번쩍 빛을 낸다. 이건 아니라고 사양을 해도 막무가내다. 꿩 먹고 알 먹고 이런 횡재가 어디 있단 말인가, 부들부들 봉투를 받는 순간이었다. 마누라 손이 찰싹 뺨을 친다. 순간 꽝하는 소리와 함께 낮잠이 침대에서 꼴 까닥 떨어졌다. 이 꼴을 본 마누라 딱하다는 듯 혀를 끌끌 찬다. 으이그 화상아 멀쩡한 대낮에 뭔 개꿈을 꾸다 떨어지고 난리야, 당장이라도 빗자락 몽둥이가 날아들 기세다. 벼락치는 천둥소리에 기죽은 자라목이 숨어 버렸다. 꿈속에 이루어진 사연도 모르면서, 웃음이 배실 댄다.

마누라에게 안 돈바리 보다 더 귀여움을 받는 도그마르 녀석이 눈을 치켜뜨고 힐끗 본다. 속내를 알고 있다는 듯이 꼬리를 친다. 조금은 쑥스럽다. 그래도 다시 한번 꿈이여를 외쳐본다.

속이 텅 빈 야무진 봄 꿈이었다.

# 핑계 그리고 쉼터


 무던히도 마셔대고 피워댔다. 지고는 못가도 마시고는 가는 게 술이었다. 동이 가득 넘실대도 남기는 법은 없었다. 끝장을 보아야 직성이 풀렸다. 담배는 술안주로 꼭 붙어 다녔다. 어리석고 무책임한 행동의 말로였다. 오히려 병이 나지 않았다면 그게 더 이상했을 것이다. 안일한 생각으로 내가 만든 덫에 걸려 발버둥을 쳤다. 가족들에게 걱정거리만 안겨줘 온 동네가 요란스러웠다. 건강을 잃고 난 후에 다시 잡으려는 어리석은 안간힘에 미련을 두었다. 답답한 기침 소리는 젊음을 시샘하는 아픔이 나에게 외쳐대는 후회의 목소리였다. 언제라도 젊음과 건강은 내 편인 줄만 알았다. 케케묵어 덕지덕지 묻은 고통이 떼를 쓰고 벗어나려 한다.

 삼십 대부터 시작한 버릇이었다. 불혹의 나이가 기울도록 버리질 못했다. 술이 술을 부르는 나날이었다. 주전자는 쉬라하고 동이 술이 제격인 줄 만 알았다. 마셨다기보다 부었다는 적절할 것 같다. 짝지에게는 언제라도 술을 마실 핑계가 거미줄처럼 엉켜 있었다. 무슨 돈으로 마시는지 궁금해 했다. 열 번을 먹으면 일곱 번은 얻어먹었다는 핑계다. 동이 술을 퍼먹고도 집은 잘 찾아왔다. 취하지 않은 척 눈속임이다. 꼬집어 비틀어도 티를 내지 않았다. 어쩌다 만취로 남의 어깨를 기대고 오는 날은 빗자루도 춤을 추었다. 곁들여 안주처럼 따르는 담배였다. 그때는 순하고 부드러운 맛을 가진 백양이 내 입맛에 딱이었다. 필터를 처음 달고 나타난 멋쟁이 아리랑을 입에 물고 먼동 쓸기에 바빴다. 하루에 세 갑씩 태우는 연기가 코가 막히도록 불을 땐 적도 있다. 까만 니코틴이 폐를 감싸 기침도 가래도 들끓어 멈출 줄 몰랐었다. 넘치면 독이 되니 줄이라는 단골 의사의 권고도 귀 밖에서 맴돌 뿐 몸에 밴 고집을 막을 수가 없었다. 임시변통으로 약으로 달래다가 병만 키웠다.

간에서부터 기별이 왔다. 화가 치밀어 누렇게 얼굴색이 변해 황달이 왔다. 앉으면 꾸벅 조는 게 인사였다. 먹는 것 없는 칫솔질에도 헛구역이 예사였다. 마시고 들이킬 땐 그 증상을 아랑곳하지 않았다. 피하려면 더 생기는 것이 술자리였다. 먹고 살기 힘든 시절에도 담배와 술 인심은 풍요로웠다. 자력으로 버티기 어려운 지경까지 왔다. 더 이상 물러설 곳도 없었다. 중앙대 부속 용산 병원에 입원했다. 종합검사라는 이름으로 온몸 상태를 구석구석 헤집어 보았다. 만성 간 질환과 폐질환 증상이 뚜렷했다. 당장 시급한 게 간 조직검사라 했다. 너무 마시고 피워댄 흔적 때문이다. 조직검사를 받으라는 의사의 진단에 짝지의 한숨 소리가 깊어만 갔다. 그 시절 조직검사의 결과는 십중팔구 불치병일 확률이 높았다. 영원한 쉼터로 직행할 가능성도 배제할 수 없었다. 마시는 만큼씩 명을 재촉한다고 했다. 곁에서 듣고 있던 짝지의 귀가 성할 리가 없다. 술 소리만 들려도 잔소리로 시작해서 눈 흘김으로 끝을 낸다. 담배 연기도 회초리를 맞았다. 그보다 더 두려운 게 있었다. 두 딸의 근심 어린 해맑은 눈이다. 내가 저지른 잘못 때문에 예쁜 눈에 눈물을 볼 수는 없었다. 언제까지라도 튼튼한 울타리가 되리라는 다짐은 변하지 않았다.

 한발 늦은 후회다. 살아남아야 한다. 뇌리를 스치는 다짐은 시퍼런 칼날 위에 무 자르듯 춤을 춘다. 잡은 술동이가 부서지는 천둥소리에 눈을 뜬다. 니코틴의 원흉인 아리랑도 짓밟았다. 노력하면 이루어진다는 진리를 믿고 싶었다. 술은 그런대로 횟수와 양을 줄일 수 있었다. 담배는 작심삼일로 갈팡질팡이었다. 그러기를 반복하다가 검지와 중지 사이에 누렇게 물든 담배 염색을 말끔히 씻어 낼 수 있었다. 담배를 끊고 얼마 후부터 가래도 기침도 멈추는 거짓말 같은 기적을 얻었다.

그때의 후유증으로 생긴 폐암의 흔적을 지금까지도 주기적으로 살피고는 있다. 애써 살려 놓고 앞서간 짝지는 아픔도 슬픔도 모두를 내려놓고 내 마음이 머무는 자리에서 핑계를 대고 있다. 말술 뒤에 숨은 됫박 술에 취했고, 꼬불치던 담배 연기에 나도 폐를 망쳤다는 일갈이다. 귀에 들리지는 않아도 내 양심이 떨고 있다. 가끔은 가족 사진틀 속에 앉은 얼굴을 보듬으며 천정을 보는 멍하니까 된다. 욕망도 가진 것도 내려놓으니 홀가분한 마음이다. 황혼의 블루스 스넵을 밟아가는 발걸음도 느긋하다. 동이 술 핑계가 없으니 잔소리도 숨었다. 좋아하는 쉼터 찾아 다리 펴는 곳이면 콧노래를 부른다.

지난해 봄 불타오르는 진달래꽃 흐드러진 오대산 계곡

따라 밀어 대는 바람 업혀 발자국을 세며 갔다. 월정사 잣나무 길에 육백 년 나이테를 속세에 보시하고 허리 꺾여 누운 등걸에 오가는 바람도 슬피 운다. 속은 텅 빈 상처의 아픔에도 겹을 두른 껍질은 흩어지고 앙상한 뼈만 남았다. 죽어서도 떠돌이 다람쥐의 쉼터가 되어 주는 아량을 베풀고 있다. 울적한 나의 갈퀴손으로 보듬어 준다. 숨을 멈추면 너도 그렇고 나도 그렇다. 멈추지만 않을 수만 있다면 한숨인들 어떠하여야. 담소마루에 엉덩이를 기댄다. 등걸이에 걸머진 오래 묵은 책장도 넘겨 본다. 홀로 별을 세는 황혼의 맛도 달콤하다. 후회 뒤에 오는 가슴 벅찬 환희의 기쁨이다.

 넘침도 부족함도 없이 속이 꽉 찬 두 딸과 사위들, 그 가지에 주렁주렁 달린 손주들까지 앞세우고 짝지의 영구 쉼터를 찾는 날에는 절로 어깨가 으쓱한다. 온 쉼터가 꽉 채워진 느낌이다. 할아버지로부터 손주까지 손을 잡고 한 울타리 안에서 변명을 한다. 정말 잘하고 싶었다. 마음은 고요하고 평화롭다.

 영원한 핑계의 무덤이다.

# 황혼의 길목에서

 놓치고 싶지 않았다. 웃을 일도 별로 없는 요즘, H 신부님이 유튜브로 전하는 행복 특강 등에 흠뻑 빠졌다. 특유의 구수한 이야기로 마음을 사로잡는다. 귀담아 실천해야 할 부분을 곱씹어 듣고 있다. 느끼는 바가 크다. 부질없는 욕망을 털어내고 주어진 순간을 만족하며 살고는 있다. 홀대했던 '나'를 사랑하는 마음도 인색하지 않다. 인연의 끈을 잡고 질리지 않는 아름다운 관계를 유지하려는 생각에 변함은 없다.

 뒤늦은 가르침을 실천으로 옮기기가 녹록지 않다. 말 한마디 행동거지 하나가 늘 조심스럽다. 나이를 먹어 갈수록 따뜻하게 마음을 나누던 인연들도 하나, 둘 틈새가 생긴다. 관심은 시들어지고 의지하고 기댈 곳도 멀어진다. 사돈의 팔촌까지 챙기던 시절과는 판이하다. 이득이 없으면 낳아준 부모도 멀리하는 일이 흔한 세상이다. 부모의 어리석음과 무지가 이유가 되었을지도 모른다. 어른에 대한 공경이나 존경보다는 부담이나 짐으로 생각하고 색안경을 낀 듯 보는 눈들이 많다. 젊은이들 앞에서 몸을 사리게 되는 이유이다. 직접 피해를 준 일도 없는데 나를 향한 경계와 기피의 눈초리가 왕왕 마음을 상하게 한다.

노인이라니 게다가 팔십이 넘었다니. 티를 내고 싶지 않아서 깔끔한 체를 한다. 서릿꽃 내린 머리에 검은 물을 들이고 오가는 젊은 사람들의 옷차림을 흉내 낸다. 오 년 더 하기 오 년, 그렇게 십 년의 나이를 줄여 본다. 칠십 대 초반으로 보인다는 실속 없이 허황된 말에 보상을 받은 듯하다. 행동도 칠십 대처럼 하고 싶다. 수명이 늘어나도 젊게 나이 들어야 하는 작금의 세태이다. 젊은이 눈에 팔십보다 칠십으로 보이는 노인이고 싶은 마음이다.

젊은이들의 신조어는 한국어인지 외국어인지 이해하기 어렵다. 남몰래 사전을 들춰도 찾을 길이 없다. 네이버에 물어본다. 이방인이 된 느낌이다. 저만큼 훌쩍 달아나는 세월과 질 게 뻔한 경주를 한다. 황혼에 꽃피는 향기는 서리꽃에 피어난 들국화의 입술처럼 곱다. 고개 넘는 숨소리가 턱에 차오른다. 감각과 행동이 슬로우 모션이다. 일상의 기본 생활도 게을러진다. 판단조차 아둔하다. 혼자만의 고집으로 매사에 불만투성이인 사람으로 보이기 십상이다. 일부 깐깐한 젊은 층들의 눈에 비친 노인에 대한 선입관을 바꿔보려 나름의 노력도 해본다. 나 혼자의 노력으로 될 일이 아니지만.

 공공장소에서 남에게 불편을 주는 노인들을 만날 때마다 낯이 뜨겁다. 얼마 전 N 도서관에서 문학 강좌를 듣고 집으로 가는 지하철에서 있었던 일이다. 차림새는 번듯하지 않아도 건강은 좋아 보이는 칠십 대 초반의 사람이었다. 승객들 앞에서 일장 연설이다. 세상 살기가 너무 힘들다. 일하고 싶어도 자리가 없다. 사회의 부조리와 경제와 정치를 이야기하며 시선을 끈다. 듣고 싶지 않아도 막무가내다. 내 눈에도 그 행동이 불편한데 어린 사람들은 오죽할까. 얼굴이 달아올랐다. 늙으면 염치도 장씨노 모르는지 승객들 코앞에 손바닥을 펴 보인다. 동전 몇 개가 뒹굴고 본색을 드러냈다. 눈길도 주지 않았다. 경로석에 앉은 내 차례다. 전에도 비슷한 경우를 보았지만, 경로석은 지나치는 게 보통인데 염치불구다. 눈앞에서 빨리 사라져 주었으면 하는 마음이었다. 주머니 손을 넣었다. 먼저 잡힌 천 원짜리 한 장 빼주고는 인제 그만하시라고 한 마디를 곁들인다. 오죽하면 그럴까 하는 측은한 마음이 뒤에 오는 말에 흔적도 없이 사라졌다. 주머니로 들어간 몇 장도 달라는 말이다. 뻔뻔하기 짝이 없다. 움켜쥔 손에 잡힌 것을 도로 빼앗고 싶었다. 못 본 체 고개를 돌린다. 늙었다는 것을 유세로 왕년을 들먹인다. 어른에 대한 공경과 존경이라는 말이 부끄러워진다.

노인들은 목소리가 크다. 귀의 성능이 저하 될수록 그렇다. 소곤대는 소리를 들을 수 없다. 안 들리니 남도 못 듣는 줄 알고 자기 목소리가 커진다는 것을 인식하지 못한다. 나도 그랬었다. 보청기 신세를 지고 나니 세상이 온통 시끌시끌 벅적거린다. 늘 푸를 줄 만 알았던 젊음이 황혼의 준령을 넘어서고 있다. 노인을 혐오하는 일부 젊은이들의 생각을 단순하고 짧다고 할 수 있을까 싶다. 우대는 바라지도 않는다. 막무가내로 고집하는 노인들이 전부는 아니다. 일부에 불과한데 도매금으로 넘겨지는 것이 싫다. 늙은 게 유세 떨 일은 아니지 않는가.

나는 향기를 가꾸고 싶은 행운의 고목이다. 황혼꽃 향기로 다시 태어난 지금은 가장 젊은 날이다. 소중하기에 품에 안는다. 겹을 두른 삶의 찌꺼기를 말끔히 닦아내고 홀가분하게 하늘 나는 새가 되고 싶다. 인생의 참맛을 조근조근 씹는다. 달콤하고 고소하다. 자칭 풍류를 즐길 줄 아는 멋쟁이다. 숨 쉬는 순간을 행복이라 말한다. 우뚝 선 고목이 자랑스럽다. 우러러 두 손을 모아 감사를 드린다. 젊음의 힘이 세월과 경주 할 때는 여유로운 삶을 알려 하지 않았다. 욕망의 틀에서 한순간도 벗어날 수 없었다. 피워내지 못하고 꺾어진 수많은 틈새에서 숨을 쉰다는 것은 하늘의 돌보아 주심이다. 숨 쉬는 순간이 자랑스럽다. 흙에서 태어나 자연의 법칙대로 흙으로 돌아갈 것이다. 황혼의 길목에서 자문을 해본다. 나이 든 나를 위해 젊은 나는 무엇을 했는지.

 황혼은 새벽을 닮았다. 저무는 것이 아니라 새로운 시작이다.

4부

# 오지랖이 넓다

 산수유 노란 입술 방긋 미소 곱다. 눈(雪) 녹인 물 눈썹 털고 얼음 녹여 발 담근다. 발버둥 시린 바람 등 밀어 봄은 온다. 한번 엉킨 타래실 풀지 못해 아쉽다. 또 하나의 나이테를 감아 넘는다. 이제나저제나 기다리는 마음이었다.

 친구라는 이유로 참견을 한다.
 'K' 친구와 'S' 친구는 소소한 말 한마디가 잘못 전달되어 비틀어진 감정싸움이 됐다. 쉽게 풀어낼 줄 알았는데 길다. 쌓인 감정 모두 털고 손잡으라고 말을 한다. 어김없이 너나 잘하라는 핀잔이 온다. 그러거나 말거나 그 정도에는 노여움을 느끼지 않는다. 바보는 아니다. 친구를 믿는 마음이 더 크다.

 건망증이 심한 나는 삼선짬뽕을 즐겨 먹는다. 얼큰한 국물 맛이 정신을 돌아오게 한다. 턱밑에 흘린 자욱이 냄새

앞서 그림을 그린다. 흔적이 또렷하다. 두 친구의 화해를 잊고 싶지 않다.

 가까운 사이일수록 서로를 배려하고 존경하는 마음을 버리면 관계가 깨어지기 쉽다. 살얼음판을 걷는 형국이다. 우정과 벽 사이는 적당히 벌어져야만 했다. 넓으면 골만 깊어지고 건널 수 없는 강이 된다. 쌓은 정 잃기는 쉽고 되잡으려면 달아난다. 그 얼굴들에 미소를 보여준다. 하루살이 먼동이 눈감으면 별을 센다. 시계는 잠들어도 시간은 가고 있다. 남은 시간 멀지 않다. 이제 할 만큼 했다고 생각한다. 가슴을 열고 손잡으면 안 될거나, 또 오지랖을 펼친다. 속이 상해 두들겨 봤자 소리만 커지고 실속은 없다.

 곁에서 바라보는 눈도 지쳐간다. 자로 재고 무게를 달아 봐도 나에게는 모두가 소중한 친구들이다. 먼저 손을 내미는 통큰 마음을 보였으면 하는 바람이다. 아쉬운 추억도 가질 때는 즐겁고 잃을 때는 슬펐다. 우리는 꽈리고추 잡고 놀던 친구가 아니었던가.

 벽과 벽 사이는 적당히 벌어져야만 했었다. 실금이 지날 때는 바람도 가늘어 머리카락만 산들거렸다. 고향의 씻어 내리는 물도랑으로 흐를 때는 깡총하면 건너던 것이 개울 되고 강물 되어 흐른다. 넓어질수록 건너기가 어렵다. 풍덩 빠지기가 쉽다. 왜 내가? 라는 토를 달 필요는 없다. 벗들의 이런 모습 보이면 나도 외로워질 것만 같아 그러는 거다. 몸도 마음이 약해져 그럴 수도 있겠지만 우리는 이제 그러려니 하고 사는 수밖에. 뾰족한 수가 없는 인생길이잖아 라고 푼수를 떤다. 친구 하나 잃기 전에 서로 손을 잡는 모습이 아름답지 아니한가, 인생 제대 말년도 가깝게 다 오는 듯하니 말이다.

두 친구야!

가슴이 아파도 서로 참고 살아가자 그보다 더한 아픔도 수없이 겪고 살아온 우리가 아니던가? 어느 날 하늘에서 내 이름 부르거든 '네'하고 크게 대답 한 번 하면 될 것이다. 영원으로 가는 남은 생 후회 없이 살고자 한다. 친구라는 이유로 곱씹어 말을 한다. 내 생각이 들리지 않는다면 친구들은 영원한 우상이라고 믿고 있다. 두 친구가 없으면 단팥 없는 찐빵 맛이다.

'K' 친구다. 고향 떠나 반평생을 홀로 잘 살고는 있다. 왠시 나와는 동병상련의 닮은꼴로 한 번 더 생각을 하게

오지랖이 넓다

된다.

'S' 친구는 누가 뭐래도 그 오랜 세월 투병 생활도 뚝심으로 이겨내고 행복한 사랑의 가정을 이루고 있음에 칭송하고 싶다. 이제 우리 더 이상 약한 모습은 보이지 말자. 한 치 아래 굽어보면 우리는 아직도 팔팔한 실버들이 아니겠나.

모른 체 또 하면 나는 또 오지랖을 펼 것이다. 서로 마주 보며 웃는 날까지다.
한바탕 웃음으로 우리 사는
날까지
멋진 모습 보여주기다.

# 人(인생)

사람이 서 있다.
기대고 기댐을 준다.
식어든 땀의 흔적만 앙상하다.
정情일까? 사랑일까?

내 인생 삶을 위해 누구에게 기댄다는 생각은 애시당초 가져본 적이 없었다. 아니 기댈 곳이 없었다는 표현이 적절하다.

엄마 없는 딸들의 바보 아버지가 되었다. 팔분을 허리 감아 나이테 만삭으로 노을빛을 닮았다. 젊음은 시들어도 마음은 늘 푸른 숲이 되어 볕 기린 잎새 앉아 영원히 기대주는 울이 되고 싶었다. 내색하기는 싫었다. 세월 가면 스스로 알 것이라는 바램이기도 했었다.

게으르지 않는 자신감도 고개가 숙여진다. 비틀대는 그

림자는 돌부리 채여 무릎 깨질까를 염려하는 노파심이 되었다. 건강은 언제라도 내 편이 되어주길 바랬다. 희망 사항으로 마음뿐이었다. 나이테 늘어 갈수록 기대주던 어깨에 힘이 빠지는 감을 느낄 수 있었다. 그때마다 받쳐주는 힘이 있었다는 것을 미처 느끼지 못했다. 내 생에 기대는 삶은 없으리라는 자신감을 갖고 있었다.

밤이슬을 가리는 나만의 지붕 아래서 숨 쉬는 마음의 여유도 있어 부러울 것 하나 없었다. 달아나는 건강은 몸보다 마음이 앞서는 듯했다. 열매들의 눈빛이 등에 꽂히면 앞에서 끌어주고 눈을 마주하면 뒤에서 밀어준다. 어둠이 눈을 가릴 때는 보듬어 주었다. 소문 없이 다가온 기대주는 마음이었다. 삶에 익숙해져 떼어 내면 쓰러질 것만 같다.

한강을 사이에 두고 월드컵 공원 건너편에 사는 듬직한 열매들이다. 주말이면 나를 위한 한 끼의 식사를 거르지 않는다. 슬하를 앞세우고 얼굴을 마주한다. 주체 큰사위다. 처음에는 그러려니 했다. 지치면 말겠지 하는 생각은 크게 빗나갔다. 짝지 잃고 홀로 사는 애비의 보호자 노릇을 알뜰하게 챙겨준다. 수년을 하루같이 변함이 없다. 당연한 것처럼 정성의 고마움을 느끼는 자세가 자연스럽게 기대고 있다.

 두 딸과 만남의 날이었다. 막내가 수업이 끝나는 오후 네 시반이다. 이름표를 가슴에 달고 공부하는 학생이 되었다. 주말에 맞춰 금요일 밤과 토요일 종일을 'E' 대학에서 박사학위 코스를 밟고 있다. 직장 따라 원주에서 거주하며 통학을 한다. 벌써 두 학기 째가 되었다. 새 학기 첫 강의라 삼십 분 일찍 당겨져 그나마 만날 수 있었다. 수업을 끝내고 집에 가는 열차 시간을 맞추기 위해서였다. 주말이면 열차표 좌석 구하기가 어렵다. 필요한 시간의 맞춤이 아니라 시간표에 따라야 하기 때문이었다.

 쉽다 한 적 없는 늦깎이 학생으로 전문적인 학문을 연구하는 배움의 노력에 힘찬 격려의 박수를 아끼고 싶지는 않았다. 학교와 이웃한 신촌 청진동 해장국집은 가끔씩 출출한 배를 달래주는 나의 단골집이었다. 늦은 점심을 양선지 해장국으로 가름한다. 애비를 닮아 먹는 것을 가리지 않는 소탈함이 몸에 배었다. 두 번째 수필집 출간을 목적으로 써 모았던 초고 몇 편을 정서와 프린트를 부탁했었다. 기대는 마음의 핑계 였다.

  시간을 쪼개어 삶의 틈새를 비집고 배움의 길을 찾는 생각은 닮은 듯했다. 목적에 비교란 있을 수가 없다. 전문적인 최고의 학문을 연구하는 딸의 과정이었다. 나는 고작해야 삶에 지루함을 달래 보려 글쓰기를 배우며 즐기는 소일거리에 불과했었다. 할 일 없어 뒷짐 지는 노인 행세는 싫었다. 뒤늦은 턱걸이로 배우며 삶을 즐긴다는 것도 쉽지만은 않았다. 노력한 만큼에 비례를 한다. 이루고 싶은 마음 간절해도 잡힐 듯 말듯 멀어져가는 글꼬리가 아쉽다. 언제라도 희망을 보듬어 주는 열매들의 기댐이 있어 든든했다.

  시간에 쫓겨가며 박사 학위를 꼭 받아야 하는 이유를 묻고는 싶었다. 공부를 하기에는 제법 나이도 적지 않다. 오십도 슬쩍 돌아섰다. 명예도 보통사람만큼을 지켜내고 삶의 여유도 부족함이 없다. 다만 건강이 우려스럽다. 모른 척 시치미를 떼면서도 마음은 항상 응원의 박수를 보낸다. 자랑스럽다. 배움에 끝이 없다는 나의 잔소리가 귀에 배었는지는 알 수가 없다.

안간힘을 모아 희망의 본보기를 보여주고 싶었다. 나이 테를 극복한 황혼을 노래한다. 순간도 몽당연필은 눈을 떴다. 새하얀 눈길 위에 노력의 발자욱을 남긴다. 피워내는 꽃송이만큼 바람도 싱그럽다.

'人'(인생) 서로가 기대고 기대어 준다. 굳이 고맙다는 말은 없어도 어깨를 감싸 주니 포근하다.
 정情이요, 사랑이다.

## 어떻게 참으셨습니까

 가양동 성당 본당 기념일이다. 삶에 지친 형제자매님들의 상호 친교와 단합을 목적으로 만들어진 행사였다. 교적을 옮긴 후 함께하는 여행은 처음이었다. 일곱 살 어린이로부터 팔십 대 노인까지 희망하는 모든 형제자매님들이 모였다. 동참은 했어도 생소한 나는 쑥스럽고 낯설기만 했다. 지난 사 년 동안 팬데믹으로 행사가 중단되었다. 그래서 올해는 자유롭게 가슴을 풀어 헤쳤다.

 담당 구역장의 전폭적인 홍보에 귀를 기울인 덕분이었다. 같은 구역에 살면서 일면식도 나눌 기회가 없었다. 지난번 구역 미사에 참석한 후 알림 톡으로 매주 성당 소식을 알려주는 것을 알았다. 바쁜 와중에도 사목회 일이라면 최선을 다하는 책임감에 존경하고 싶다. 추석 때까지도 기승을 부리던 열대야도 한로가 불러온 솔바람에 땀도 식어 버렸다. 억새꽃 머리 풀고 들국화를 부르는 계절이다.

밤새 질금대던 빗소리에 변덕쟁이 바람도 옷깃 치켜세우고 바람막이 잠바의 온기를 싫어하지 않는다. 자욱한 안개비는 시야 가린 차창을 쓸며 간다. 묵주 기도의 시작과 끝에 경건한 마음으로 성모님께 오늘도 감사하는 기도를 드렸다. 간단한 아침 식사 시간이었다. 바나나와 귤을 받았다. 시루에서 바삐 나온 따끈한 떡이 주먹만 하다. 호박고지 얼기설기 달콤하고 말랑한 한 끼 식사다.

양평 휴게소를 지날 무렵이다. 태양은 산허리를 두른 안개비를 밀쳐 내고 단풍 속에 얼굴을 내밀었다. 국립 청소년 수련관에 도착했다. 오는 길도 순조로워 예정보다 삼십 분 정도 빨랐다. 맑고 푸른 평창의 하늘이 와락 안겨든다. 기지개를 켰다. 젊음을 착각한 마음이 단풍 물든 잎새 위에 앉았다. 싱그러운 공기를 한껏 들이키는 가슴도 풍요롭다. 건강을 시샘하는 찌꺼기 모두를 벗어 버리듯 상쾌했다.

미사 시간이다. 순간을 감사하며 함께 한 형제자매님들의 안녕을 기원한다. 감회가 새롭다. 뜻깊은 자리에 더 많은 교우님들이 함께 할 수 없어 아쉬움도 크다. 나들잇길은 언제나 가슴을 설레게 한다. 겹겹이 허리 두른 나이테는 툭

하면 비틀거리다 코 깨지고 뒷머리를 긁적거리게 한다. 행여 내가 돌부리 채여 넘어질까 가브리엘 형제님이 그림자처럼 함께 한다. 나도 모르게 그의 어깨에 기대고 있음을 알았다. 말없이 오가는 정이다.

벙글대는 햇볕은 따끔한 침을 쪼아 댄다. 점심 뒤에 나른함도 솔바람에 앉았다. 축구장보다도 넓어 보이는 잔디 광장이었다. 관람석은 팀마다 편을 갈라 응원석이 되었다. 주임 신부님의 당부였다. 미련 없이 맘껏 뛰고 즐기라는 축사에 이어 시작 종이 울렸다. 게임마다 우수한 팀에게 점수를 더해 준다. 개인에게는 상품을 준다. 나는 행복팀이었다. 묵찌빠 게임이다. 개인상은 가브리엘님이 타고 행복팀이 승자가 되어 푸짐한 점수를 받았다. 최후의 우승팀이 되었다. 흔들고 뛰고 이렇게 즐겁고 행복해 보일 줄 몰랐다. 생기발랄한 젊음들이 손잡아 끌어주니 고마움이 부쩍 자란다.

황혼 꽃도 어깨동무 줄을 서서 한 자리의 흥을 풀어냈다. 가쁜 숨 몰아서 턱을 차올라도 젊음과 함께라는 성취감을 만끽했다. 엉거주춤 비틀대도 나이 탓을 하고 싶지 않았다.

주임 신부님 어깨 위에 걸친 신명도 덩실댔다. 야구 모자에 청바지를 입고 윤수일의 아파트를 불렀다. 가수를 뺨칠 기세다. 박수와 앵콜이 하늘을 찌른다. 분위기를 고조시키려는 깊은 마음이 엿보인다. 한마음 한뜻이다.

등걸이를 벗 삼은 나그네가 되어 동해안의 겨울 바다와 이따금 손을 잡고 싶어진다. 파도에 밀려 모래 위에 썼다 지워지는 발자국을 남겨보는 것이다. 바다까지 오가는 길에 만나는 눈 덮인 평창은 어떤 아이스크림 맛보다 달고 마음을 시원하게 만든다. 어느 해에는 강릉행 KTX 밖으로 길 잃은 아기 노루 엄마 찾아 눈 속에 묻혀 허둥대는 모습에 마음을 빼앗기기도 했다. 차를 멈춰 주면 달려가 안아 주고 싶었다. 바로 그곳을 성당 식구들과 함께했다.

중천을 가로지르던 가을의 태양은 사뭇 다르게 식어 갔다. 갈 길을 재촉하는 수임 신부님의 마무리 인사는 그동안 "어떻게 참았습니까?"였다. 흥겹게 뛰는 모습들을 말한 것이었다. 보청기를 한 내 귀에는 후일을 다짐하는 따듯한 속삭임으로 들렸다.

쉬익 바람이 불었다. 가을에 취해 버린 화가의 붓끝이 물들인 풍경화가 촘촘히 펼쳐진다. 절정을 향한 잎새 하나 서리꽃 머리 위에 나비 되어 앉았다. 지칠 줄 모르는 아쉬움을 뒤로 했다. 해마루에 걸린 그림자가 길었다.

# 바람 부는 길 따라




 즐거운 날이다. 러키세븐으로 이루어진 로열패밀리 스포츠팀의 부름으로 손을 잡았다. 불러주니 고맙고 행복하다. 막내아우 K의 주선으로 두 번의 노을과 세 번의 먼동으로 함께하는 남해안 일주 계획을 잡았다. 죽전역에서 팀과 합류하려면 두 시간 정도는 일찍 출발해야 한다. 새벽 네 시에 눈을 떴다.

 한해 사연 가득 담긴 등거리를 걸머지고 남은 잎 새에 잘 가라는 점을 찍는다. K의 손짓 따라 마음은 벌써 남쪽으로 달리고 있다. 산허리를 돌아 초겨울 문턱에서 억새의 몸부림을 만난다. "아~ 으악새 슬피 우니". 하얗게 핀 서릿꽃은 게으른 가을을 노래한다. 머리끝에서 발끝까지 차림은 한겨울이었다. 남쪽으로 달릴수록 햇볕의 따사로움이 반코트와 목도리를 벗으라 재촉한다. 이백팔십 킬로를 달려 온 길이다. 영광 굴비의 고향 법성포에 발이 머문다. 때맞춰 유명 맛집에서 구운 굴비와 조기 매운탕으로 배부른 점심이 노래를 한다. 길옆 점포에 목을 매고 줄지어 선 조기 묶음이 눈을 자극한다. 부르는 값은 천정인데 꼬리가 초라하다. 눈요기로 만족했다.

영광 백수 해안도로다. 천사대교를 지난다. 철썩이는 파도 소리가 귀를 간질인다. 도로와 달리기 경주를 한다. 사백여 킬로를 허겁지 달려온 길. "목포는 항구다". 바람이 철썩 파도의 뺨을 때린다. 마음이 설렌다. 몇 번이나 오간 곳인데 매번 눈이 새롭고 호화롭다. 포장마차에서 앞치마를 두르고 상냥한 미소로 정을 쥐어 주던 그 여인이 보고 싶다. 칵 쏘는 보해 소주잔에 박대 구운 맛 목에 걸친 포근한 인심이었다. 현대 물결이 스쳐 가는 지금은 정에 겨운 숨결을 찾아볼 수가 없다.

유달산을 오른다. 바다를 내려 보는 눈에 비친 물결이 해맑다. 먼발치 떠 있는 섬들도 또렷하게 다가온다. 쾌청하고 포근한 날씨가 주는 선물이다. 노적봉을 돌아서면 정상 아래 충무공 이순신 장군의 동상이 우뚝 서 있다. 언제라도 왜구의 침략을 막고 조국을 지키려는 눈초리가 매섭다. 멀리 울돌목까지 내려 본다. 명량鳴梁 대첩 승리의 날을 회상하는 듯하다. 전해오는 글귀를 연상해 본다. "금신 전선 상십이今臣 戰船 尙十二" 신에게는 아직 열두 척의 배가 남아 있다고, 절규하는 충무공의 기개가 엿보이는 듯하다. 울돌목은 해협이 좁고 해구는 깊은 절벽이다. 유속이 초속 육 미터, 물살 소리에 바다가 우는 길목이라 해서 붙여진 순수한 우리말이다. 명량 대첩을 승리로 이끌었다고 전해 온다. 악전고투 속에 왜구를 물리친 승전보에 고개를 숙일 뿐이다.

육지와 바다를 오가는 케이블카의 움직임에 따라 서커스 줄을 타는 곡예사가 되었다. 무한히 펼쳐지는 자연이 장관을 이룬다. 돌아가는 눈을 따라 '아' 하는 감탄사가 절로다. 도심에서 공해에 찌든 가슴을 풀어낸다. 파도에 씻겨 들이키는 숨소리도 싱그럽다.

자동차의 뜀박질이다. 진도대교를 건넌다. K 아우 덕분으로 경찰 수련원에서의 첫 밤을 맞았다. 보배 섬 진도가 작은 섬이 아니었음을 깨닫는 데는 오래 걸리지 않았다. 다섯 개 면이 해안선을 따라 자리 잡았다. 진도읍이다. 진도

바람 부는 길 따라 **163**

군 가운데에 이백 미터 내외의 구릉성 산지를 이루고 있다. 연대산, 북산, 남산 등이 솟아있다. 무형문화재 진도 씻김 굿과 다시래기가 전승되고 천연기념물인 진돗개가 사는 곳이다. 진도는 섬이 아닌 육지로만 보인다. 진도대교로 연결되었으니 육지임을 부인할 수는 없겠다.

　다음 행선지가 기다리고 있으니 한곳에만 길게 머물 수가 없다. 갈 길을 재촉한다. 완도 청해진 장보고의 발자취를 지나 강진, 장흥, 보성을 경유했다. 떠날 때 목도리를 감싸던 싸늘한 수은주가 새침하다. 코끝을 간지는 포근한 바람은 단풍을 노래한다. 파도 씻은 넘실넘실 바람 미세먼지로 얼룩진 가슴을 씻어 내린다. 마시는 만큼씩 마음이 후련하다. 쏟아지는 햇볕에 녹은 자연산 비타민D가 살갗을 파고든다. 구릿빛 물든 얼굴 위로 젊음을 부른다. 자연이 주는 선물을 듬뿍 받는 행운의 순간이다. 덩달아 마음도 춤을 춘다. 굴러가는 자동차 바퀴 숫자만큼 하루해와 경주를 한다. 세상을 품어주던 태양도 바닷물에 물에 발 담근다. 찌지직 둥근 빛의 얼굴도 식어만 간다. 어둠 밝힌 조명들의 환상이다. 도깨비방망이 춤을 춘다.

여수항의 비릿한 생선 내음이 안겨든다. 세계 제일 규모인 석유화학 산업도시로서의 유명세는 굴뚝의 연기처럼 하늘을 찌른다. 세계 박람회와 함께 "여수 밤바다"의 인기 또한 멈출 줄 모른다. 항구의 목로주점 황홀한 불빛이 키재기로 줄을 서 나그네의 마음을 설레게 한다. 예쁘진 않아도 인심 좋은 마담에게 넋을 잃는다. 수많은 바다 얼굴들이 화덕 위에서 이글대면 탁배기잔 입술 물고 콧노래도 절로 난다.

몸에 익은 습관이 눈썹 털고 일어선다. 밤 지샌 목로주점 불빛도 꿈속이다. 부지런한 발자국 하나둘 가로등 그림자를 밟고 있다. '여수항' 발 씻은 물고기 떼 꿈을 꾸는 시간에 비릿한 새벽공기 실컷 훔쳐 마신다. 고래들 목욕한 물 한 바가지 슬쩍 냄비 뻘뻘 땀 흘리면 밤새 푸다 지친 빈 잔들 엎어지고 젖혀지고 속풀이 해장탕이 될 것을 공짜라고 실컷 먹으라 해야지. 공연히 배꼽 잡고 뒹굴고 싶다.

여수항에 흔적을 남기고 온 길 더듬어 집으로 가는 길목이다. 전주한옥마을 고궁에서 점심을 먹기 위한 절차다. 대기표를 손에 쥐어야 한다. 육회 비빔밥이 맛있다. 꼬르륵

시장기에 곁들인 반찬이 눈 깜짝할 새 사라진다. 반찬 중 으뜸은 역시나 시장이다.

춘향이 그네 뛰다 이몽룡과 연애하던 남원골이다. 광한루가 을씨년스럽다. 연못에는 살이 통통 금붕어가 세월을 노래한다. 아가씨 원앙 뒤를 총각 원앙들이 줄을 선다. 곱고 예쁜 자태가 춘향의 넋인 듯 고고하다. 월매 안방 춘향이 이 도령 앞에 차려 놓은 찻잔에 서린 얼굴들이 우스꽝스럽다.

이틀 밤과 세 번의 아침 해를 뒤로하고 12월의 길목에서 아쉬워하는 발자취에 희망의 푸르름을 가득 찍었다. 풍요롭게 펼쳐진 아름다운 풍경을 기억 속에 가득 담았다. 맑은 공기로 원 없이 배를 불렸다. 아프다 투덜대지만 구경 한번 잘했다. 끝까지 손잡아준 깊은 우정의 덕분이다. 천 킬로미터의 짧게 간 긴 여정이었다. 눈을 뜨니 안방이다. 두 팔로 천정을 떠받친다. 역시나 둥지가 제일 포근하다.

# 팔분의 책장을 넘기면서

 팔분의 나이테를 극복한 글이다. 켜켜이 묵은 토담집을 허물어 지은 집이다. 황혼 물든 흙으로 다듬어진 노을빛 벽돌은 서로를 부둥켜 업힌 듯 업고 있다. 대문은 번듯하다. 화려한 대궐도 부럽지 않다. 뒷짐 진 거드름이 대문을 밀치고 하늘 보며 껄껄하고 세상 구경을 하는 첫날이다. 오늘은 내 생일이다. 생일 축하 미역국을 끓여야겠다. 전에 볼 수 없던 새로운 방식의 간편한 먹거리다. 미역과 양념을 압착 후 건조 시킨 네모진 비스킷 모양이다. 한 컵 물을 넣고 삼 분이면 소고기 맛 미역국이 된다. 솜씨 없고 게으른 홀할배 밥상에 잘 어울린다.

 계절 탓인지 생각도 형광등을 닮아 깜빡거린다. 김치를 꺼내려고 냉장고 문을 열고 멍하니 휘돌다 빈손으로 문을 닫는다. 움직이는 몸도 거북이를 닮았다. 손발이 어눌해져 밥공기가 가끔씩 공중 곡예를 돈다. 쨍그랑 둔탁한 울음이다. 어제는 밥공기고 오늘은 국그릇이다. 돌잡이 주먹만 한 케이크에 촛불 하나를 켜고 너의 얼굴을 내려다본다. 오늘이 생일인 건 분명한데 세월의 향기가 흠뻑 묻어난다. 이웃집 지훈이네 갓 태어난 동생은 응애응애 목소리 우렁찬데, 이웃사촌으로 태어난 너는 울고 보채기는커녕 싱글벙글하기만 한다. 눈치를 챘는가 보다. 한세월 애비 가슴에 꽃을 피우던 삐약이들이 오롯이 모였다. 두 손 마주 짝짜꿍, 해피버스데이 투유를 부르니 그럴듯한 생일이다. 온 가족 모여 앉아 나팔 소리를 울린다. 탐스럽게 익어가는 열매들이다. 내게는 여전히 삐약삐약 병아리들 같다. 눈 깜짝 허리 감은 나이테가 저린 마음을 보듬어 준다. 노란 병아리 귀밑에도 서리꽃이 곱게 피어난다. 사랑하는 마음으로 키운 아이들이 몽당연필과 씨름하는 나를 보듬는다. 자식의 격려에 어깨가 으쓱한다.

'단풍 물든 노신사의 풍류 노트'는 한 지붕 머리 쓰고 태어난 내 인생의 사연담은 대가족이 올망졸망 모인 집이다. 얼굴은 비슷해도 생각하는 마음은 판이하다. 모양새 따라 각자의 가슴에 이름표를 달아 준다. 밉상으로 칭얼대는 못난이가 있는가 하면 제법 통통하게 살이 올라 복스럽고 방글대는 귀여움도 있다. 울퉁불퉁 고비 길을 돌아온 이야기들이다. 살아온 흔적이 숨을 쉰다. 내 영혼의 분신으로 단풍 물든 인생을 거울 보듯 빼 꽂은 얼굴이다. 우연의 일치였다. 소일할 곳 없어 여기저기 기웃하던 때다. 발길이 K 도서관에 멈췄다. 원하는 만큼 배울 수 있었다. 전문적인 강좌가 많았다. 내 마음을 끌어당긴 곳은 이름도 생소한 문학 창작 수업이다. 함께한 인연의 끈을 쫓아 낯선 배움의 길에 들어섰다. 열과 성을 다하는 스승의 은근한 매력이 달아나는 내 마음을 슬쩍슬쩍 잡아주었다. 빛나는 예비 작가들의 넘치는 자신감이 부러웠다. 낯선 얼굴들 속에서 나 홀로 감내하는 인내의 한계를 가늠할 수 없었다. 오랜 시간과 긴 호흡이 필요하겠다는 생각이 어슬렁거리며 주변을 맴돌았다. 실력이라야 고작 초등학교 때 일기 쓰기와 글짓기가 전부였으니 말이다.

시간이 지날수록 글이 오락가락 괘종시계 불알을 닮았다. 한 분기를 지났을 때, 코로나19의 심술로 비대면 강의로 바뀌어 당황스러웠다. 교육 방법이 생소했다. 초보인 나는 중도에 접을까 생각했다. 오른쪽 귀의 결함이 치명적인 이유였다. 보청기는 울려서 전해지는 말을 분별하기 어려웠다. 점차 나아질 것이라는 기대에도 불구하고 여전히 반쯤은 어설프고 반은 멍청이가 되었다. 당장이라도 접고 싶었다. 갈등의 늪에서 힘들어할 때였다. 하나씩 이름표가 새겨지고 있었다. 글이 풍기는 묘한 향기에 사뿐한 꿈을 이어가고 싶다는 희망이 미소를 지었다. 전율을 느꼈다. 먼 훗날 삶을 털고 돌아서는 내 등이 외롭지 않게 꼬두람이의 분신을 안겨 주고 싶다고. 멈추라는 하늘의 외침이 들릴 때까지 가고 싶어졌다. 늦게 배운 글쓰기에 별을 세는 밤은 길었다. 단풍 물든 나이테가 재촉한다. 게으름에 늦어지면 그나마 설익은 열매조차 맺을 수 없다고. 한 뼘 되는 연필이 닳고 닳아 몽당연필이 될 때까지 씽씽 썰매를 탔다. 눈바람이 머리 풀고 볼 비비는 밤에도 반짝이는 별들의 눈물을 보았다. 미리내를 건너다 미끄러진 연필은 흐르는 물을 잡지 못해 가는 길을 헛짚기 일쑤였다. 한때는 좋아라 꼬리치는 푸들의 재롱도 밉다하고, 조랑말 뒷굽에 채여 아파한 적도 있었다. 인적도 가물대는 골목길 포장마차에서 아쉬움을 달래보려 춤추는 두꺼비 이십오 도에 푸념을 하고도 싶었다. 백열등은 눈보라에 빰 내주고 달려오라고 손짓한다. 어둠도 손 시리다 호호 분다. 몽탁한 유리잔에 넘실대는 두꺼비가 수영을 한다. 십구공탄 불꽃에 취해 비틀대는 오징어를 물고 삶의 엄살을 달래도 보았다. 그런 나를 쓰고 썼다.

 곱거나 밉거나 나의 분신이고 나의 꼬투람이다. 세상에 얼굴을 내보이고 싶은 마음이 간절했다. 가뜩이나 길치인 내가 이정표에 물어본들 처음 가는 길이라 아득했다. 순간 머리를 반짝 스치는 빛이 있었다. 그래 이것이다. 망설임도 없이 밀어붙였다. 소한 대한 추위도 포근한 눈 속에 묻혀 미끄럼을 탄다. 써 모았던 원고 뭉치를 들고 집을 나섰다. 그동안 가르침을 준 스승을 찾았다. 서울대를 오르는 언덕바지에 자리한 아귀찜집이다. 점심이나 함께하자는 핑계였다. 선생님을 만나자 기다렸다는 듯이 원고 뭉치를 내밀었다. 택배기잔에 넘실대는 사연을 풀어내었다. 수정출판사와 인연을 맺은 처음이 되었다. 삼 년여를 쓴 글들이 실한 열매로 익어 예까지 오라고 밀어붙였다. 분신의 책장을 넘기면서 엉클어진 인생의 짐을 풀어내니 숨소리도 홀가분해졌다. 내 생의 처음이자 마지막 작품일지 모른다. '단풍 물든 노신사의 풍류 노트'가 저녁 걸린 앞마당에 멍석 펴고 다리 펴는 그늘이기를 바랬다. 힘들었던 순간들을 잘 이겨내라고 격려해준 님들께 두 손을 모은다. 나이 듦을 핑계 삼지 않고 가르침을 성실하게 따른 나에게도 큰 박수를 보낸다.

 먼동이 구름 사이 샛별 반짝 미소를 짓는다. 내 생일에 내 품에 안긴 '단풍 물든 노신사의 풍류 노트'를 보듬는다. 고맙다. 대문이 참 멋있다. 그런데 알맹이도 그럴까, 걱정 반 기쁨 반으로 나의 분신을 세상에 보낸다. 또 한 번의 기회가 나를 불러 준다면 성큼하고 다가가 덥석 받고 싶다. 좋은 님들 곁에서.

# 돌아온 약속

 천정에 그네 타는 형광등을 닮았다. 안경을 덧쓰고도 눈을 더듬고 통화를 하면서도 전화기를 찾는다. 물건 놓은 자리를 깜박한다. 나이 먹어 생기는 증상일까? 회수가 빈번해졌다. 모두를 잃을 것만 같은 생각이다. 혹시나 해서 검사를 해보았다. 끔찍한 상황은 아니라고 수치를 보여준다. 다행스럽다.

 먼동이 고개를 든다. 태풍 카눈이 오고 간 길은 삼사일에 불과했다. 매지구름에 가려져 퍼붓던 빗속을 지나 회색빛에 가려진 해님 얼굴이 반갑다. 황홀한 빛을 애써 감추었다. 햇무리 뻴간 일굴만 상물 위에 눙실 떴다. 어디쯤일까. 태풍이 할퀴고 지난 산허리를 깎아내리고 있다. 어느 집 대문이 짝을 잃고 외로움을 달래며 노 저어 간다. 가면 돌아올 기약조차 없다. 태풍은 거망증도 없는가 보다. 앞서 스쳐 간 자리부터 헤집는 버릇이 있다. 내 마음속까지 후벼

판다. 아랫마을 개미네 집은 입추 말복이 산모롱이 돌아가도 질척이는 아궁이에 무쇠솥 끓는 장작불을 태우고 있다.

친구와 만나기로 한 날이었다. 건망증도 늦더위를 먹었는가 보다. 날짜와 장소까지도 까맣게 잊고 있었다. 아니나 다를까 전화기를 타고 특유의 벼락치는 소리가 넘어온다. 약속을 잊은 거는 아니겠지? 점심은 뼈다귀 감자탕집이다. 아차. 나갔던 건망증이 돌아왔다. 아무렴 시치미를 뚝 뗀다.

성질은 급해도 풍류를 즐기며 멋을 아는 친구다. 함께하면 죽이 맞았다. 막걸리 동이 술에 표주박 꼭지가 떨어져야 엉덩이를 걷어차고 일어서곤 했다. 요즘은 가끔 만나 잔술이나 나누는 고목으로 변했다. 그래도 내 발로 걸어서 만날 수 있고 뚝배기 국물에 마음을 나눌 수 있는 것이 어디냐고 서로를 격려한다. 황혼을 질주하는 숨찬 고목이다. 가끔은 몸도 마음도 비틀거린다. 세월에 밀려가는 섭리다. 그래도 주름진 꽃의 향기를 흠뻑 풀어내고 싶다.

약속 시간을 맞추기 위해 지하철을 탔다. 경로석은 기웃거리기만 할 뿐 빈자리가 없다. 어느 때부터인가 경로석에 앉은 사람의 나이를 점치는 버릇이 생겼다. 세 자리 중 하나는 앉은 사람이 앳돼 보인다. 지하철 무임승차증에 잉크도 안 마른 젊은 노인이다. 모자를 눌러쓰고 마스크로 얼굴을 가렸다. 핸드폰에 걸친 손가락만 분주하다. 허리 굽어 지팡이를 짚은 노인이 눈앞에 있어도 모르쇠다.

지하철은 남녀노소가 주연이 되는 스타들의 무대다. 연기자들의 특성이 가지각색이다. 삼삼오오 바닥에 앉아 재잘대는 학생들이 있는가 하면 어른, 애 할 것 없이 핸드폰을 두드린다. 타고 내릴 때도 핸드폰에만 몰두한다. 하기야 나도 자리에 앉아 핸드폰으로 글을 쓰기도 했다.

수년 동안 입을 가렸던 의무가 하루아침에 해제되었다. 열 중에 일곱은 마스크를 벗었다. 밝아진 얼굴들이 시원해 보인다. 그런데 콜록대는 소리가 요란스럽다. 옆자리에 맨입의 노인이었다. 차내의 시선이 몰려들었나. 본인은 대수롭지 않은 표정이다. 손수건으로 입 좀 가리라고 시늉했다. 이때다 싶었는지 방방 뛴다. 네가 뭔데 감히. 뒷머리에 불이 붙어 삼십육계 줄행랑을 배웠다.

코비드에 걸렸다는 소식이 꼬리를 문다. 증상은 체질에 따라 다르다고 한다. 처음 유행할 때와 고통과 증상이 변한 것은 없다. 얼마 전 가까운 지인에게 생긴 일이다. 사흘을 콜록대다 코비드 확진을 받고 입원한 지 닷새 만에 세상을 떠났다. 팔십이 지났어도 건강이라면 자신하던 사람이었다. 나도 마스크 해제 직전에 네 번의 예방 접종까지 어렵게 견뎌내고 뒤늦게 걸려 팍스로비드를 먹고 치료했었다. 그만하기 다행이다. 예방 백신의 도움인가? 발병 숫자는 줄고 있다는 통계다. 그럼에도 독감과 코로나와 폐렴이 위험한 수준으로 전파되고 있다고 한다. 서로를 배려하는 마음으로 자발적인 마스크 착용이 필요하지 않을까 생각해 본다.

오랜만의 만남이다. 이마의 주름은 삶을 잘 살았다는 훈장이다. 웃음소리는 여전히 통쾌하고 밝았다. 검은 머리 날리던 어깨는 기울기는 했어도 기세는 변함이 없다. 지팡이에 기대지 않고 예까지 온 것이 고맙다. 돼지 등뼈가 감자를 깔고 우거지에 둘러싸여 엉덩짝만 한 솥단지에서 끓고 있다. 구수한 국물이 입맛을 당긴다. 시원한 막걸릿잔에 젊음이 넘실댄다. 입맛대로 어우러진다. 잊어버린 생각을 찾아준 친구 덕분이다. 고맙고 행복했다. 피를 나눈 형제는 아니지만 우정의 깊이와 무게는 가늠할 길이 없다. 쌓아온 정 그대로 영원히 변치 않는 사랑이면 된다.

  잡은 손 돌아서는 굽어진 등이 왠지 쓸쓸하게 보인다. 나를 보는 그 마음도 다를 게 없을 것이다. 초록은 동색이니까. 친구야! 고목이라고 기죽이지는 말자. 하지만 다음번 약속은 너무 먼 것 같다. 시간을 바짝 당겨 지겹도록 볼 비비고 흥겹게 노래하자. 네가 잊은 약속을 내가 찾아주마. 숨을 쉰다는 것은 행복이다. 먼동이 어둠을 쓸고 간다. 조급히 따라온 빛바랜 황혼빛이 아름답다.

# 발목을 잡힌 순간에도

 우연의 일치일까, 심심찮게 불거지는 사건들이다. 소통 부족으로 생기는 고질병은 아닌지 머리를 갸우뚱하게 한다. 병든 사람들을 볼모로 불거진 의료 대란이 멈출 줄 모르고 있다. 힘자랑 틈새에서 치료받지 못해 시들어가는 생명들의 한숨만 늘어 가고 있다. 위급환자의 치료가 늦어 죽는 사람의 뉴스가 빈번하다. 전문적 지식이 없으니 서로가 주장하는 옳고 그름을 판단할 수는 없다. 다만 서로의 주장 때문에 병들어 고통받는 환자들의 슬픔과 좌절이 많다는 것은 분명하다.

 봄비가 촉촉하게 머리에서 발끝까지 질척인다. 우산을 머리이고 미끄럼을 타고 있다. 삼월의 마지막 잎새 목련꽃 잎술 물고 꽃내음이 싱그럽다. 날벼락 소리다. 덜커덕 서울 시내버스 파업에 생각도 못 한 또 하나의 사건이 삶의 발길을 잡는다. 고개 드는 만큼씩 불편을 감수하는 쪽은 언제라도 서민의 몫이 된다. 어이없다고나 할까. 이른 아침부터 핸드폰 알림 톡 전문傳文이다.

"3월 28일 목요일 서울 시내버스 파업으로 통근, 통학의 불편이 예상됩니다. 도시철도, 무료 셔틀버스, 택시 등 다른 교통수단을 이용해 주시기 바랍니다. [서울시청] 오전 6시 12분."

참 친절도 하다. 명령도 아니고 부탁도 아니고 어정쩡하다. 출근과 등교 시간에 맞추어 용케도 뽕짝을 한다. 당장 발등에 불이 떨어진 사람도 많은데 좀 아이러니한 생각이 든다. 능력이 넘치는 사람들에게는 한낱 미세먼지 만큼이나 관심이 있으려는지는 모른다. 대중교통을 이용하는 서민들 입장에서는 난처할 수밖에 없다. 그래서 어째라고 묻는다면 나는 할말을 잃는다.

N 도서관에서 삼월의 마지막 시를 쫓는 수업이 열 시부터다. 며칠 전부터 감기 증상으로 몸의 컨디션도 별로였다. 한번 결석함까를 생각하다가 이정도 쯤이야로 집을 나섰다. 지하철이 끝나는 지점부터는 걷기를 각오했다. 평소 같

발목을 잡힌 순간에도

으면 한 번의 지하철과 두 번의 버스를 환승하면 쉽게 가는 길이었다. 오늘은 다르다. 버스로 갈 수 있는 길은 모두 막혔다. 혹시나 택시라도 잡을까 하는 기대로 서울역 광장 앞에 줄을 섰다. 기다림이 길어 그냥 걷기로 했다.

평지에서 바라본 남산타워가 더 높아 보인다. 버스를 탈 때는 그 고마움을 몰랐었다. 걸어보니 알 것만 같다. 밋밋한 언덕길인데 숨이 턱을 차오른다. 봄비 적신 비탈길은 한 발자욱 옮기면 반 발은 미끄럼을 탄다. 중턱의 계단을 가로지른다. 부슬부슬 내리던 비가 자욱한 안개비로 바뀜을 했다. 우산은 몸을 가누는 지팡이가 되었다. 기대는 힘이 거친 숨을 달래어 준다.

싱그런 남산의 봄은 대문 활짝 열고 있다. 담장을 따라 겨울의 틈새를 비집고 나온 새싹들 기지개를 편다. 개나리 꽃 나팔 소리에 귀 간질이는 향연이다. 아람들이 벗나무 옷을 흠뻑 적시고 게으른 잠을 깨운다. 가지마다 애송이 젖쪽지를 물고 있다. 당장이라도 시를 풀어 튀어나올 것만 같다. 인심은 시끌벅적 불안과 초조에 질려있어도 꽃은 피고 새들은 노래한다.

늘 타고 내리던 텅 빈 정류장 빈 의자는 눈 멀뚱 기약 없는 버스를 기다리고 있다. 땀 흘려 기어오른 엉덩이 털썩 숨을 달랜다. 무딘 걸음을 재촉하던 서울역이 안개비에 묻혀 가물거린다. 조금은 늦었어도 출석하고 수업을 맞출 수 있는 저력을 보듬어 준다.

기침과 재채기는 질기게도 붙어 있다. 마스크로 감추기는 했어도 지하철 틈새에서 꾸벅 조는 사람들의 잠을 깨운다. 코로나 펜데믹이 시작하던 때와는 판이하다. 기침 소리에도 무관심이다. 그래도 조금은 미안하다. 새벽부터 흠뻑 젖은 옷을 말리고 무거웠던 하루를 씻어낸다. 마음도 한결 가볍다. 모두를 털어내고 다리를 편 후야 귀를 번쩍 뜨게 했다.

반가운 소식이었다.
"금일 15시 30분부터 서울 시내버스 파업이 철회되어 전 노선 정상 운행합니다. [서울시청] 오후 4시 08분"
무려 11시간 동안 발이 멈춘 순간을 참아낸 서민들의 불편을 달래는 태도로는 좀 가볍다는 생각이 들었다. 누구 하나 책임자는 사과 한마디 들어볼 수가 없었다. 그렇게 시민을 골탕 먹인 대가로 받은 것이 돈이었다는 뉴스다. 계획한 각본대로 읽어간 연기에 불과했다는 느낌을 버릴 수가 없다. 목적을 위해 행사한 방법이 치졸하다는 생각이다. 슬기로운 해결을 구사하기는 커녕 서민들 발을 볼모로 잡는 구태의연한 행동을 지양했으면 하는 바램이기도 했다. 상투적으로 마지못해 하는 행동이라는 생각은 비단 나만의 느낌은 아닐 것이다. 서민들의 발을 묶는 불편이 야기되었기 때문이다.

어수선한 세상인심은 시린 바람에 흔들리는 촛불이 된다. 질러대는 오일장 뻥튀기 소리에 달콤한 말은 수없이 간질여도 빈손 움켜 줄 삶의 변화는 없다. 아니면 말고식의 뻥 터지는 공염불은 지천을 이루고 있다. 날뛰는 놈 잡지 못해 뒷짐 진 양반 행세다. 때로는 풍요 속 가뭄의 연속이다. 들숨에 눈 가리고 날숨에 귀 막는다. 한 입도 입이라고 춤추는 물가고에 허기진 하루해가 길다. 순간도 아픔에 기절하는 이 많다. 하루빨리 평정을 찾기를 고대한다.

발목을 잡힌 순간에도 할 일을 미룰 수는 없었다. 늦깎이 배움은 마음먹기 달렸다. 꽃피는 봄바람 머리 풀어 하늘 난다. 내 허물 한 짐 풀어 노을 밟는 그림자 등짐도 가볍다.

황혼의 봄은 포근하다.
낮은 틈새에 피어난 민들레꽃이 더 예쁘다.

# 그때는 그랬다

 남자로 태어나서 병역 의무, 삼십 개월을 보냈다. 창살 없는 감옥에서 쉼 없이 뛰고 달렸다. 분단된 조국의 운명 속의 돌발적인 전쟁을 피하기 위한 경계와 예방을 위한 임무로 별을 세는 밤은 길었다. 지긋한 그 틀에서 벗어나 자유로운 몸이 되었다. 해방감은 잠깐이었고 기댈 곳 없이 스스로 삶의 길을 찾아야 했다. 소용돌이치는 세상에 방황하는 실업자가 되었다. 어디 세워도 두려움 없이 당당한 젊음이 있었다. 몸도 마음도 푸르고 튼튼했다. 아쉽게도 하루 세 끼조차 스스로 해결할 수 있는 능력이 아직 없었다. 생존의 경쟁에서 스스로 견뎌낼 길을 찾아야 했다. 어지러운 세상인심에 하루하루가 안개처럼 희미했다. 조바심에 허둥대며 캄캄한 터널 속에서 빛을 찾으려 애썼다. 삶이 무겁게 어깨에 얹혔다. 축 처진 두 어깨가 신음을 토해도 절망은 하지 않았다. 젊음의 힘이 솟는 화수분을 믿었다. 오뚜기처럼 쓰러질 듯 비틀거리다 다시 일어서는 힘이 유일한 나의 재산이었다.

  1965년 오월 마지막 날이었다. 해병대 137기 만기 전역일이다. 특별한 사유가 없이 동기생 모두 삼십 개월 군 생활을 마무리했다. 병사로서의 흔적을 가득 안고서 현역에서 영원히 자취를 감추는 날이었다. 생사고락을 함께 나눈 동기생 전우들이 어렴풋하다. 경기 양평의 이상용, 대전의 조병호, 부산 출신 김옥방. 연락이 끊긴지 오래지만 해병이 만들어 준 인연들이다. 헤어진 날을 꼽아보니 회갑이 두 해 남았다. 모두들 멋진 노신사로 살고 있기를 바라는 마음 간절하다. 인연이 닿아 마지막 날에 나누었던 탁배기 한잔을 다시 나눌 수 있기를. 그리움만으로도 어깨가 으쓱했던 젊음이 되살아난다. 즐거움도 한순간이었다. 좋다고 언제까지 달콤한 맛에 취할 수는 없었다. 인생의 첫 단추를 끼웠을 뿐이다. 삶을 찾는 길은 시작부터 깜깜했다. 준비가 덜 된 사의 세상살이 몸부림은 거칠었다. 친절하게 잡아주는 손길이 간절했다. 인생 첫걸음부터 금지선에 부딪혀 쓰림에 휘청거린다. 사는 동안 베품이 없었으니 바라는 마음을 가질 수도 없었다. 양심을 버리고 쉽게 이익을 얻으라는 달콤한 유혹도 있었다. 십자가에 못 박히신 예수님의 그림자가 나쁜 길을 막아주었다. 기댈 곳 없어도 젊음이 재산이었다. 거칠어도 곧게 견뎌온 인생이었다.

한번 움켜쥐면 놓을 줄 모르는 치열함의 연속이었다. 양심을 버리지 않고 삶의 고통을 참고 견디는 깨우침도 알게 되었다. 모자란 부분을 채우기 위한 배움도 게으를 수 없었다. 세상에 믿을 것은 오로지 나였고, 아는 것이 힘이었다. 텅 빈 주먹을 어둠에 불끈 쥐었다. 샛별만 바라보며 달렸다. 지나온 길이 제법 아득하다. 폭풍처럼 지난 삶의 자리에 무지갯빛 향연이다. 남은 인생 빌리지 않고 나를 챙길 수 있는 작은 삶이다. 부족함은 없다. 온순해진 마음처럼 건강도 고개를 떨군다. 움켜쥔 주먹도 비틀린 마음도 비우며 살라 했다. 산다는 것은 마음먹기에 달렸다. 푸른 젊음이 스러져도 삶의 긴 터널은 계속 걷는다. 앞으로 질주하는 속력이 빨라진다. 종착역을 알리는 기적소리도 먼 듯 가까운 듯 들린다. 아쉬움에 흔들린다.

움켜쥔 주먹을 펴본다. 손금의 깊이가 치열했던 삶을 말해 준다. 골 깊은 주름은 고집스런 욕망의 흔적이다. 이제는 한 줄씩 지워 버린다. 손에 쥔 것도 미련도 지워버린다.

사랑을 베풀 수 있는 넉넉한 가슴이면 좋겠다. 떼구름은 나를 보고 닮으라 한다. 목마른 대지 위에 만삭으로 채워진 단비를 아낌없이 쏟아 낼 줄 아는 나눔의 지혜를 말이다. 평생을 지켜준 젊음이 향기롭게 익은지 오래다. 거울 앞에 선 얼굴이 익은 듯 설은 듯이 어설프게 보인다. 주어진 그대로를 나누고 감사하며 후회 없이 살다가 미련 없이 갈 수 있길 소망한다. 곳간 가득 넘치는 사람도 주먹 한줌을 가진 사람도 부르심에 따를 때는 빈손이다. 주어진 순간을 즐겁게 살기 위한 욕심은 거두지 않는다. 산다는 것은 자유이며 행복이다. 움켜쥔 것은 내 것이 아니다. 빌린 것 돌려주고 나면 남는 것은 없다. 아쉬운 흔적만이 남아있을 뿐이다.

그때는 그랬다.
아등바등, 발버둥이었다.

지금은 그런다.
차곡차곡 발버둥을 내린다.

5부

# 숨 쉬는 공장이다

 나는 공장의 사장이고 충실한 일꾼이다. 깨어도 잠을 자도 쉼 없이 돌아간다. 별들이 눈을 뜨면 이웃들 꿈 깨울라 삐그덕 소리 잠재우려 자장가를 불러준다. 나이테 겹을 쌓은 만큼 서투른 집 주인 행세에 제법 균형이 잡힌다. 숨소리가 달라진다. 새근새근할 때는 엄마의 젖 향기도 가득 배어난다.

 수많은 별이 사라져 간 틈새를 비집고 예까지 온 것만도 행운이다. 더욱 다행스러운 것은 팔분을 등에 지고도 무리 없이 내 몸을 움직이는 공장의 사장 자리를 굳건히 지키고 있다는 것이다. 가끔은 연결한 축의 나사가 풀리고 줄이 늘어진다. 이럴 때마다 부분적으로 기능이 비틀거린다. 예까지 오는 동안 깊은 늪 속에 빠져 영구적으로 공장이 멈추려는 순간을 겨우 삐져나온 적도 있다. 서해의 바닷물이 임진강 물에 잡혀 한강으로 밀리는 삼각 지점이다. 무장간첩

들이 해상을 타고 서울로 침투할 수 있는 가장 쉬운 길목이다. 경계근무를 하며 무동력 고깃배를 보호하기 위해 승선했다가 바닷물에 빠져 개 흙물 실컷 마시고 죽음의 직전에서 구조된 것이다. 육십여 년 전 군 복무 중에 생긴 일이다.

돌아가는 공장의 어느 한 부분도 소홀할 수 없다. 잠시라도 한눈파는 사이 연결의 끈을 놓쳐 틈새라도 생기면 숨 쉬는 공장은 소리 없이 꼬리를 물고 삶을 한순간에 무너뜨린다. 내가 사장이긴 하지만 강제로 공장을 멈출 수 있는 권한이 없다. 가다 멈추게 하는 것은 빌려준 집 주인 마음대로다. 때가 되면 빌린 것을 주인에게 돌려주는 것은 지극히 당연하다. 그때까지 아끼고 보듬어 주는 것은 나의 책임이다. 쓰다 남겨진 부품을 조건 없이 필요한 사람에게 나눌 수 있도록 하기 위함이다. 닦고 빛을 내야 한다. 그래야 받는 이도 조금은 더 만족할 것이다. 언제라도 주인의 부르심에 겸손할 뿐이다. 마음을 열고 진취적인 시야를 넓힌다. 배려의 귀를 열어 소통한다. 불러 주는 이 있어 고맙고, 대답해 주는 이 있어 감사하다. 언제나 입가에는 희망의 미소가 흐르고 생각하는 마음도 아름답기를 고집한다. 사랑이 번뜩이는 고운 소리는 귀를 간질이는 행복이다. 기능은 오래 묵어 신음은 들려도 공장은 그런대로 잘 돌아간다. 언제라도 주인이 돌려주기를 원한다면 따를 준비는 되어 있다.

  가톨릭은 내게 모태신앙이다. 나는 이름보다 분도라는 세례명으로 더 오래 불렸다. 한때는 비틀린 사람의 마음을 핑계로 신앙을 잃고 쉰 적도 있었다. 냉담이었다. 믿음으로 함께해야 하는 교회를 운영하는 사람들과의 마찰 때문이다. 모두가 내 탓이라 마음을 돌리니 주님 품으로 다시 돌아올 수 있었다. 다시는 신앙인으로서의 본분에서 멀어지고 싶지 않다. 돌발적인 경우를 제외하고는 주일 미사만은 빠지지 않으려 노력한다. 말씀을 듣고 통회할 수 있는 마음 때문이다. 몸도 마음도 게을러 평일 미사 참여는 꿈도 못 꾼다. 젊어 한때는 청년회와 연령회도 어울려 봉사한 적도 있었다. 이제는 나이를 핑계로 교회 봉사 활동도 할 수 없다.

  지난해다. 한마음 한 몸 운동 본부를 접하는 기회가 왔다. 천주교에서 운영되는 장기기증 접수를 담당하는 곳이다. 하느님께서 내려 주신 귀한 삶의 끝맺음에 이르러 나눔의 기쁨을 얻기 위한 준비의 단계다. 내가 남긴 장기가 누군가에게 삶의 기쁨을 줄 수 있다는 생각에 가슴 뿌듯하다.

신청서상에 본당 이름과 세례명을 기록한다. 그것으로 절차는 마무리가 된다. 작년 성탄 때는 기증자를 위한 특전 미사도 드렸다. 때맞춰 가끔 감사의 미사를 드렸다. 같은 목적으로 운영되는 기관이 많기는 하다. 어느 장기 기증자 가족이 겪은 황당한 이야기가 생각난다. 고인의 유언에 따라 병원에 의뢰하고 장기를 기증하고 생명을 구했다. 찬사를 받을 일이다. 잇따른 기사에 따르면 장기가 떠난 시신이 수습되지 않은 채 가족에게 전해져 슬픔을 더욱 키웠다고 한다.

누구라도 영혼이 떠나간 후에는 육체의 덩어리로 남는다. 마지막 흙으로 보내야 하는 예식의 절차다. 소홀한 생각으로 남겨준 무관심으로 가족들의 슬픔과 고통이 배가 되는 것은 문제다. 아무리 빌려 쓰던 것을 돌려주고 간다고 해도 주는 자에 대한 최소한의 예의는 지켜야 한다. 사용할 수 있는 부분을 쏙 빼고 헤쳐 놓은 빈자리를 원상 복구할 수는 없겠지만 깔끔하게 마무리는 해야 하지 않았을까? 힘한 뒷수습을 유족들에게 맡기는 것은 기본 상식조차 져버린 행위다. 과연 이런 비합리적인 행동을 보고, 듣고, 누군들 선뜻 이 운동에 동참할 수 있을까 의문이다. 어차피 다가선 죽음 앞에서 인위적으로 생명을 연장해 남아있는 기회를 잃을 필요가 없다. 애타게 기다리는 이 있을 때 나눔을 베풀 수 있는 사랑하는 마음이면 된다.

 영혼이 이삿짐을 꾸릴 때쯤에는 장기 기증을 서약한 한 장의 증서가 빛을 볼 것이다. 꼭 필요로 하는 한 삶을 연장하게 하는 사랑에 견줄 수 있는 것은 어디에도 없을 것이다. 그렇게 함께 살아 숨을 쉬는 것이다. 영혼이 떠난 후 나는 내가 아니다. 그럼에도 슬픔을 감당해야 하는 가족들의 고통에 무심하지 않길 바란다.

 수많은 경쟁 속에 이 나이에 들어선 건만 해도 선택받은 축복이다. 영원한 존재는 없다. 순간이 존재할 뿐이다. 눈으로 볼 수 없는 깊은 수렁으로 빠져드는 순간을 예측할 수도 없다. 팔분을 감고 도는 줄이 가끔씩 흔들린다. 꺾일 듯 허리 굽은 황혼 꽃향기는 기적 없이 식어가고, 그나마 약해진 숨소리에 어깨를 기대고 있다. 나이테 허리 감는 세월을 먹고 산다. 쉼 없는 공장은 삐그덕 덜컹 노을 그림자 밟는 발자국이 또렷하다. 못다 한 미련이 산을 이룬들 어쩌랴. 당장 그 순간이 닥친다 해도 아쉬움도 두려울 것도 없다.

그러기에 찰나의 촌음까지 아끼고 보듬는다.

나는 숨 쉬는 공장이다. 모두를 내어준다. 주는 만큼 새 생명을 꽃 피운다는 마음 때문이다. 후회하지 말자.

# 저 준령에 서고 싶다




 욕망 따위는 털어내고 살자 했다. 노을은 가자 끌고 세월은 등 미는데 뭘 믿고 그러는지 허세를 잠재울 줄 모른다. 허욕 뒤에 따르는 허망일 수도 있다. 꿈에서도 생각 못 한 평생에 얻은 나의 분신인 수필집. 너 하나를 얻고도 하늘 나는 새들이 부럽지 않았다. 이것으로 만족하자는 망설임도 있었다. 어쩐지 좋은 일이 생길 것 같은 예감이다. 갈등을 뒤로하고 가물대는 저 준령을 오르면 또 하나의 기적과 같은 나의 분신이 반겨 줄 것만 같다. 또 하나에 미련을 두고 나이테 발목 쏙 잡아 보려고 작심한다. 기왕에 들어왔으니 나가는 문이 보일 때까지 버리고 비워 내고 산다는 생각은 한낱 공염불이 되었을까.

 노을이 가고 그믐달이 저문다. 갈대꽃 어우러진 고즈넉한 숲속 길에 앞서간 발자국을 너듬으며 손가락샘을 힌다. 선 자리를 가늠할 수가 없다. 이제 첫걸음이니 준령의 상투가 보이지 않는다. 산발한 구름 띠를 두르고 초입 걸린 허리만 눈에 슬쩍 감겨든다. 푸르른 잎새 앉은 호호 부는 가을바람은 오색 물감을 색칠한다. 단풍잎 울긋불긋 시야를 가로지른 화려한 불꽃놀이다. 몸부림은 팔짱 낀 아름드리 산밤나무 같다. 한여름 뙤약볕에 까맣게 그을린 무더위를 훌훌 벗는다. 다람쥐 좋다고 연기 없는 아궁이에 알밤 구워 저녁상을 차린다. 나 잡아 봐라 까꿍. 노을은 달빛 뉘고 준령은 귀뚜라미 자장가 소리 베고 눕는다. 꼬리라도 잡으려는 생각은 호롱불을 앞세우고 눈뜬 술래가 된다. 또 한 줄 나이테가 허리를 슬쩍 감아 돌면 황혼의 꽃향기도 새들거린다. 그 향기 못 잊어 흔들리는 푸념을 외기러기처럼 꺼억 꺽거린다.

종이 누이고 오락가락 비틀대는 연필심도 인제 그만. 잠 좀 재우려 한다. 뒷짐 진 인생길은 하늘 강 푸른 물에 곧은 낚시 드리우고 떠도는 세월이나 낚으라고 한다. 그럴듯한데 뽕잎 갉는 누에는 그건 아니라고 머리를 살랑살랑 흔든다. 찰나에도 밀물과 썰물은 삶의 머리를 맞대고 서로를 밀고 당긴다. 집착과 갈등의 힘겨루기가 이어진다. 집착을 잡으려는 눈뜬 바람. 은별 하나, 별 둘 초등학교 산수 공부를 한다. 연필이 종이 잡고 푸하하 웃는다. 단잠 깬 물방앗간 절굿공이에 보리알 깨무는 소리가 들린다.

나의 열심에 누구도 멈추라 하지 않는다. 부뚜막 무쇠솥에 밥이 되든 죽이 끓든 남들이야 아궁이 태우는 불쏘시개에 관심인들 있을 리 없다. 잡고 싶으면 잡고 하기 싫으면 말고 엿장수 가위 치기다. 천안 삼거리 능수버들도 제멋에 겨워서 흥타령이다. 이구동성 격려하는 임들의 울림이 게으름에서 깨어나라 따끔한 회초리질을 한다. 텅 빈 머릿속은 하얀 눈밭에 뒹군다. 언 발에 배를 깔고 바람 든 눈사람이 된다. 손끝에 대롱거리는 몽당연필은 일그러진 얼굴의 눈과 코를 새긴다. 생각의 높낮이는 그럴듯한 평행선이다. 사람의 수명이 길어지면서 나이는 숫자에 불과하다. 날로 불어나는 노인의 숫자가 삶의 어깨를 훌쩍 뛰어 머리 위에 앉는다. 생이 길어진 만큼의 나의 황혼은 글을 향한 준령을 마다치 않고 기어오른다. 꿈만 꾸다 하늘만 바라보는 그런 멍청이는 아니라고 말이다. 연필은 고드름처럼 시린 손끝에 엉덩방아를 찧더라도 앉은자리를 박차고 걸머진 짐 털어내고 하늘을 나는 새가 되련다. 하 많은 사연을 등에 업고 뜀뛰는 인생과 경쟁할 때는 전혀 느껴 볼 수 없었던 새로운 맛이 손끝에 맴돈다.

   남은 인생 중 가장 젊은 오늘을 사랑한다. 즐거움과 행복이 가슴 가득 채워진 최고의 순간을 만끽하는 중이다. 황혼 물든 꽃길만 걸으련다. 움켜쥔 두 주먹을 활짝 펴고 모두를 존경하고 예뻐한다. 아쉽다 푸념하는 목소리까지도 보듬어 준다. 먼동이 어둠을 비질한다. 밝은 햇살이 처음이듯 황홀하다. 문학의 준령에 서고 싶다. 어제는 노을 잡고 오늘은 별을 세며 턱을 차고 오르는 숨소리를 듣는다. 고지가 바로 저긴데 예서 알 수는 없다.

# 수동 휠체어

 짝지의 자가용 수동 휠체어다. 기사의 도움 없이는 움직일 수 없는 특성을 타고났다. 자력으로 몸도 마음도 가눌 수가 없었다. 소리 없이 찾아든 병마와의 씨름으로 절반의 건강을 잃어버렸다. 초침이 멈추는 순간까지 스스로 타고 내려 보려는 안간힘을 쓴다. 발병하고 나서 불과 일 년 만에 건강이 눈에 띄게 달라졌다. 하반신과 두 다리의 균형을 잃고 삐끗하면 넘어지는 횟수가 잦았다. 심지어는 집안 화장실에서도 넘어져 갈비뼈가 부러진다. 그렇게 눕기 시작한 것이 돌이킬 수 없는 원인이 되었다. 불꽃 튀던 건강이 넘실거릴 때는 상상도 할 수 없었다. 그런 젊음도 있었기에 믿었다. 서서히 진행하는 병마가 눈시울을 가려도 설마를 믿고 싶었다.

 알뜰히 살피고 챙겨주지 못한 아쉬움이 있었다. 날마다 부족하게만 느껴지는 삶의 만족을 채우려 하는 욕망만 가득 차 있었다. 채워도 관리하는 능력은 허술했다. 툭 하면 손에 쥔 것조차 남에게 좋은 일만 시켜주는 헛똑똑이였다. 원하면 언제라도 얻을 것만 같은 자만의 말로였다. 반복되는 삶의 소용돌이에 헤쳐 나기 힘들어한 적도 있었다. 발병의 원인을 제공한 것이 나일 수도 있다는 미안한 마음이었다. 일생의 동반 자의 고통은 바로 나의 아픔이라는 생각은 조금도 변함이 없다. 반쪽이기에 그림자로 기대어 줄 것이다. 잠시도 한눈팔 틈이 없었다. 잃어버린 건강만큼의 보탬이 되리라고 다짐을 했다. 건강을 꼭 찾아 주고 싶다는 희망도 버리지 않았다. 때로는 터질 것만 같은 답답한 가슴을 부둥켜안고 몸부림치고 울어도 보고 싶었다. 능력의 한계를 넘을 수 없는 것이 인간이기에 나락의 끝에서 두 손을 모으는데도 게으를 수가 없었다. 그렇게라도 매달리고 싶었다.

모난 상처의 길이었다. 핏기 잃은 얼굴은 서리꽃 나비 되어 손 시렸다. 삭풍에 씻겨버린 가로등에 기대선 은행나무도 알몸으로 떨고 있다. 가지 끝에 앉은 까막까치도 꺼억꺽 흔들리는 목소리도 막힌 귀를 헤집는다. 포근히 목을 감싼 여우 꼬리를 휘감고 숨어드는 바람도 싸늘하다. 휠체어에 기댄 오른쪽 고개가 제풀에 힘을 잃는다. 그 어깨에 기대려 한다. 미는 마음은 초조하고 손은 어눌하다. 옮겨지는 발목에 무쇠덩이를 달고 간다. 가는 길 방향을 잡지 못해 허둥지둥 비틀거린다. 지난 날이 생생하게 떠 오른다. 건강을 앞세우고 가볍게 손을 잡고 미래를 꿈꾸며 오가던 마음의 꽃길도 있었다.

 병은 불청객이다. 오라 한 적 한번 없었다. 무슨 억하심정이 있기에 막무가내로 남의 집 안방을 넘보는가 말이다. 괘씸하고 밉기만 하다. 내가 가장 힘들어할 때 곁에서 용기를 돋우어 준 나의 반쪽이다. 나이테 사십 줄을 허리 감아 휘돌고 올망졸망 천사의 눈망울을 반짝이는 두 딸과 짝지는 내 삶의 희망이었다. 생활도 어느 정도 반석에 자리 잡으려는 즈음이었다. 어리석음 뒤에 나타난 어둠의 그림자였다. 사업이라는 허울 좋은 구실에 깜박 속았다. 내일의 행복을 위해 다져 놓은 저축마저 검은 머리 짐승에게 몽땅 털린 적이 있었다. 분을 삭이지 못하고 잡히면 너 죽고 나 죽기를 할 생각이었다. 애꿎은 술로 푸념만 하며 세월을 보냈다. 짝지의 한 마니었나. 쓰리고 아프다는 원망도 할 수 있으련만 내색도 없었다. "당신은 다시 일어날 수 있다"는 한 마디로 넋 나간 혼줄을 다시 찾았다. 아파하는 만큼의 절반이라도 대신 아파야 그 깊이를 알 것 같았다. 언제까지라도 포기할 생각은 없었다. 병마의 멱살을 잡고 받은 만큼의 아픔을 돌려주고 싶었다. 이름이라도 알고 쫓아내는 방법이라도 찾을 수 있다면 좋으련만. 그믐달을 삼켜버린 어둠에 가려 그놈의 낯도 볼 수가 없었다. 멈출 수가 없었다. 이 거리 저 틈새를 기웃거렸다. 반쯤은 넋을 잃고 밀고 당기는 떠돌이처럼.

육 년이 지나서야 생소한 병명을 찾았다. 소뇌위축증. 현대 의학으로는 원인도 치료약도 없는 불치병이었다. 서서히 소뇌가 말라 들어 기능을 잃게 된다고 했다. 초기 증상은 하체의 기능의 저하로 걸을 수 없게 되고 점차 전신 마비로, 마지막에는 누운 채 죽음에 이른다는 진단이었다. 짧지 않은 세월도 무심했다. 좋다던 수많은 약들과 치료가 허무라는 이름만 남겨주었다. 뒷머리가 아려왔다. 실 같은 희망도 몸도 마음도 털썩 주저앉아버렸다. 중증 장애 일 급이라는 혹 하나를 더 붙여주었다. 사는 날까지 그 병으로부터 벗어날 수 없다는 선고였다. 병원의 주사 냄새도 동의보감에 따라 끓여낸 한약 냄새도 일상이 되었다. 날이 갈수록 침대에서 눈으로만 천정을 오락 가락했다. 포기할 수는 없었다. 훗날 아쉬움을 남기지는 말자 마음먹었다. 지푸라기 잡는 심정이었다. 오진이었으면 하는 마음도 간절했다. 어딘가에서 기적이 찾아올 것 같았다.

  뉴타운 재개발 바람으로 삼층집을 내어주었다. 휠체어에 의지한 짝지를 데리고 주거지를 옮길 수밖에 없었다. 공기 맑고 조용한 곳을 선택했다. 가파른 산줄기 아래 자리 잡은 아파트 단지였다. 건강한 사람도 오르고 내리는 데 숨을 몰아쉬었다. 수동 휠체어는 업어서 태우고 안고서 내려야 한다. 하반신을 쓸 수 없는 짝지에게는 더없는 고마운 이동 수단이 되어 주었다. 이마저 기대지 않으면 길도 아득하고 선뜻 나설 수조차 없었다. 먼 길을 갈 때는 장애인 전용차를 이용했다. 휠체어에 앉은 채 탈 수 있어서 편리했다. 그림자가 항상 밀어줘야 움직인다. 주일이면 간절히 기도하는 마음으로 성당에 나갔다. 높지 않은 언덕 위의 성당까지 휠체어를 미는 손은 굼뜨고 걸음은 무뎠다. 수동 휠체어 운전 면허증 제도가 있었다면 최고의 등급일 것이다. 수년 동안 숙달된 실력이 되었다. 평지와 언덕길은 밀어서 가고 내려오는 길은 뒷걸음질 치며 버텨야 안전하게 내려갈 수 있었다. 그나마 버텨줄 힘이 있어 다행이었다.

　젊어서는 가끔씩 함께 하는 여행을 즐길 수 있었다. 건강한 모습으로 손수 운전을 해가며 전국의 산과 바다를 누비며 혼자만의 여행을 만끽하던 사람이었다. 하루해가 담배 연기 속에서 사라져가는 퇴근 시간 무렵 전화통에 불이 났다. 대관령 구불구불준령을 넘다 덤프트럭과 충돌로 현장에서 폐차시켜야 할 정도로 큰 사고를 당했다. 그나마 다행인 것이 함께 동승한 친구도 운전한 본인도 부상 없이 멀쩡하다는 것이다. 운이 좋았다. 들려오는 목소리에 안도의 숨을 쉬었다. 그때만 해도 건강했는데 이리도 허무하게 무너질 줄 몰랐다.

　하루아침에 변해버렸다. 지금은 휠체어가 밀고 가버린 아련한 기억이다. 옆구리를 스치는 바람에 허전하다. 가끔은 휠체어를 밀고 가던 그 길 위에 생각이 멈춘다. 하루살이를 등에 지고 노을 그림자 밟는 나는 집시가 되어 가로등이 눈을 떠야 둥지를 찾아든다.

　저만치 앞에 낯설지 않은 수동 휠체어가 비틀대고 있다.

어렴풋 내가 밀던 휠체어를 닮았다. 그런데 앉은 얼굴도 미는 손도 낯설다. 밀고 있는 손이 착잡하고 고독해 보였다. 고개 숙인 모습이 그 옛날 나인 듯 아프다. 다른 듯해도 길은 외길이다. 간발의 시간차만 존재할 뿐이다. 내가 밀던 짝지와 휠체어는 흐릿한 기억 속에 눈을 감아버렸다. 밀어만 주고 나는? 타지 않는 빈 꿈속이다.

# 한강물에 발 담그고

 아른거린다. 또렷하지 않은 얼굴에 흔들리는 물비늘이 진다. 저 물에는 햇볕도 빛을 내고 기울면 달이 뜨고 별도 방실거린다. 희미한 생각만 바람 씻긴 물 위에서 덜 그러하지 않은 얼굴들 글에 어린다.

 수년을 하루같이 발자국에 이름을 새기며 오고 간 길이다. 행여라도 잃어버린 젊음을 주어 보려는 희망의 끈을 잡고 길들인다. 샛별 반짝 눈썹 털고 어둠 쓸어내리고 저만치 입춘이 타고 오는 수레바퀴 소리에 길이라 하는 새벽이다. 이름값을 하고야 직성을 푸는 제일 큰 추위도 나이 들어 건망증인가 했다. 잡는 손이 포근했었다. 사흘이 지나서야 구겨진 체면을 세우려는가 보다. 강바람도 씽씽 얼굴 싸매고 생일이라 끓여준 미역국도 털모자 눌러쓴 채 부뚜막에 떨고 있다.

밤새 내린 눈雪이 길을 묻어 버렸다. 시린 바람은 눈雪이 흘린 눈물에 시샘한다. 콧김 서린 눈썹도 서리꽃 만발이다. 빙판이 슬쩍 새하얀 이불에 덮여 있다. 사람도 자동차도 햇볕 가려진 골목길의 지팡이도 비틀댄다. 땅이 닿은 틈새가 썰매 타는 빙판이다.

움츠린 마스크도 콜록댄다. 연례행사처럼 수도계량기 배가 터지고 한강물 꽁꽁 어깨동무하는 그런 추위까지는 아니다. 사계절이 또렷하던 절기도 지쳤는가, 콧대 높던 동장군 기세도 맥없이 가슴을 풀어헤친다. 오리 사공 낚시에 붕어 불러 코를 꿰고 한가로운 뱃노래가 들린다. 먼젓번 혹한에도 가양대교 밑을 흐르는 강물은 갓길 겨우 얼어 흔들리는 갈대만 썰매를 탔다. 호호 불던 수은주도 살포시 머리를 푼다. 바람이 조는 양지녘에 기대선 햇볕이 포근하다. 춥다고 엄살을 부려 봤자 눈이 녹으면 새싹은 봄을 불러 기지개를 켤 것이다.

얼마 전이었다. 강서FM 마을 방송 'J' 대표가 국회의사당 탐방을 하겠냐며 불어 그렇다고 내답했다. 수박 겉핥기로 담장 안에 가려진 커다란 지붕 모습만 먼발치로 보아 온 곳이었다. 툭하면 언론에 대서특필하는 기사를 보고서야 그 곳이 여야 국회의원들이 힘으로 들어내는 장소라는 것 이 외는 관심이 없었다. 허울 좋은 면책권 앞에서 아니면 말고 식의 휘장으로 국민 눈이나 가리는 유일한 그곳이라 궁금 하기는 했다. 극에서 극으로 반대를 위한 반대, 타협할 줄 모르는 고집들이 모인 곳이다 싶었다.

온 세상 들끓어도 한강은 말이 없다. 'J' 대표의 주선으로 여의도 큰 집 대문 앞에 섰다. 묵직한 몸짓은 대한민국 입법부의 위엄처럼 웅장하다. 계단부터 귀티 나는 빨간 카펫을 밟는 것 조차 어딜 했다. 털썩 궁둥이를 붙이고 한껏 자취를 남긴다. 나는 서민일 뿐이라고 새김질한다.

암울하기만 했던 일제 삼십 육년의 치욕을 목숨 바쳐 몰아낸 순국선열들의 투쟁 정신이 담긴 자료를 다시 보는 감회가 새로웠다. 생생한 듯 가슴이 저리다. 또한 대한민국 헌정사에 빛을 낸 선열들의 기개에 고개를 숙인다. 입법부의 기본 틀을 세운 뜻은 무엇일까? 아마도 나라의 주인인 국민을 위한 바램도 있었을 게다. 해방 전 세 살이던 내가 이 자리에서 구경꾼이 되었다. 십여만 평에 자리한 국회의

사당의 틈새를 찾아 걷는데 숨이 차다. 왠지 아쉬운 마음이 든다. 역사의 증언이 되는 자료가 박물관 넓은 벽에 비해 차지한 공간이 적다는 느낌이었다. 후세를 위한 역사의 홍보를 위해 많은 자료를 찾아내 벽이 꽉 찼으면 하는 생각이다. 혼자인 줄 알았는데 우연히 만난 일행이 모두 강서 구민들이었다.

국회 박물관이다. 1998년 헌정 기념관을 허물고 그 자리에 지어져 붙여진 이름이다. 임시 의정원부터 현재까지의 국회 의정 활동과. 의회 민주주의 발전 사항을 다양한 자료를 통해 한눈에 알아볼 수 있도록 전시하고 있었다. 복합 문화 공관으로 국민과의 소통할 수 있는 열린 공간도 마련되어 있었다. 2층은 1,2 상설 전시관이고 1층에는 3,4 상설 전시장으로 전시실과 계획 전시실이 자리하고 어린이를 위한 박물관이 있었다. 때맞춰 견학 온 어린이들과 마주했다. 훗날에는 이 중에서도 이곳의 주인공이 있을 것이다. 지하 1층에는 관람객을 위해 편의 쉼터도 마련되어 있었다. 남겨진 기록을 거울삼아 국회와 의회 민주주의를 후손들에게 심어주는 초석이 되었으면 싶었다.

의장석을 바라본다. 반원형의 얼굴이다. 중앙 두 줄은 다수당 의원 좌석이고 우측으로는 두 번째 당 의원 좌석이다. 좌측으로 소수당과 무소속 의원들이 앉는다. 빽빽이 들어찬 좌석이 참 많기도 하다.

한강에서 국회를 바라본다. 한강을 내려다보는 찻집까지 뒷짐 진 걸음이었다. 강 건너 서부 이촌동은 한강가 모래를 긁어모아 둔덕을 만들고 누더기 천막촌이 줄지어서 집 없는 가난의 터를 이루고 있었다. 청소년 시절 가출이라는 떠돌이로 이곳에 잠시 머물다 스쳐 간 곳이다. 빗물은 모래가 삼키고 사람은 손과 발을 씻었다. 나는 눈비 맞고 서러움을 씹었다. 어렴풋이 떠오르는 기억에 피식 웃는다.

한강은 말이 없다. 역사는 말이 없다. 국회의사당도 말이 없다. 저물어 가는 나도 할 말이 없다. 그래 할 말이 없는 거다. 그래도 한강은 흘러가니까. 겨울이 가면 봄도 올 테니까. 얼음 낀 길을 걷는다. 아직도 위태위태하다. 곧 풀릴 거니까. 괜찮다. 괜찮다.

# 영구 임대주택

 남향으로 야산 줄기를 타고 계단식으로 터를 잡았다. 한 블록에 두 줄씩 늘어섰다. 키재기 산들이 사방을 둘러앉았다. 철 따라 꽃 피고 산새 소리 귀 간질이는 포근한 안식처다. 구름 두른 산허리에서 예수님 십자가상이 내려 보신다. 보살펴 주심 덕분인지 항상 평화로운 마을이다. 산 초입부터 이어진 차로를 따라 들어서면 납골당이 크게 자리 잡고 있다. 아래쪽엔 아파트가 위쪽엔 단독주택이 모여 있는 모양새다. 성환 천주교회 공원 묘원이다.

 빈부의 흔적도 지위의 높고 낮음도 찾아볼 수 없다. 생긴 집들이 한결같다. 집 앞에 주인의 문패는 필수다. ㅇㅇㅇ은 언제 세상에 태어나 이곳에 온 날이 언제였다고 또박또박 읊어준다. 둘이 있을 자리기에 먼저 온 순서대로 문패를 새긴다. 그나마 아직 이승에 머무는 이는 자격 싱실이다. 머리맡에 네모진 상석은 오는 이의 정성을 바칠 수 있는 유일한 공간이다. 돌 항아리에 흐드러지게 핀 꽃은 향기 없이도 예쁜 얼굴이다. 철 따라 색색이 달라진다. 배고파하는 이 없으니 아궁이 불사르고 굴뚝에 연기 날 리도 없다. 영구 임대주택이다. 번지수를 모르면 찾기가 힘들다. 꽃 필 때 달려오고 단풍 업고 찾아온다. 금잔디 깔고 누운 허리 굽은 할미꽃 찾아온 기척에 입술 방긋 반겨준다. 문패를 두드려도 주인은 모른 채 얌전히 자란 금잔디만 반긴다.

살아 함께했던 세월의 발자취를 기억하고 싶었다. 지난 유월에 빛을 본 '단풍 물든 노신사의 풍류 노트'를 상석 위 머리맡에 펼쳐놓는다. 더위 업고 온 녀석을 단풍잎에 앉혔다. 진작 보여주었어야 했는데 늦었다. 어설픈 눈썹 털고 이슬방울 뚝뚝 떨어진다. 가슴으로 읽으면서 무슨 생각을 할 거나? 독후감을 얘기해도 내 귀가 싫어하니 훗날 옆에 누어서 들어야겠다. 심심할 때 오래 두고 읽으라고 비닐 우비 씌워 놓고 돌아선다. 책에 묻혀 살다 떠난 사람이니 반갑게 책장을 넘겨 줄 것 같다.

바쁜 척 해동갑에 둥지에 들어서면 먼저 찾는 공간이다. 지친 다리를 달래주고 가슴 펴고 숨 고르는 너덧 평 남짓한

안방이다. 침대가 남향으로 머리를 두고 있다. 맞은편 동쪽 벽에 기대 바라보는 얼굴들이다. 남향을 베고 누워 고개를 돌린다. 눈 질끈 떴다 감아야 틀에 박힌 미소들이 보인다. 짝지의 얼굴은 또렷하다. 이십 년 전에 찍어 걸어 놓은 가족사진이다. 돌잽이 외손주인 인호가 내 무릎 위에 앉았다. 초등학교 다닐 때만 해도 언제나 클까 했는데 나보다 한 뼘은 더 자랐다. 대학을 휴학하고 군에 입대할 날을 기다리고 있으니 모두가 이십 년쯤 젊은 얼굴들이다. 사진 속 내 곁에 앉아 있던 짝지의 영혼이 떠난 지 십 년도 훌쩍 갔다. 양지바른 자리에 금잔디 이불을 덮고 추억도 어렴풋이 건망증 뒤에 숨어 버렸다. 하늘이 부르면 나도 따라갈 것이다. 임대료만 제때 내면 쫓겨날 일이 없다. 앞서가신 가족들 모두 이웃들 하고 있으니 외로운 것도 없다. 행여 오는 길 잊을까 봐 이따금 찾아온다. 올 때면 문패에 기대 앉아 막걸리 한잔에 넋두리를 풀어낸다. 추억도 검불이 되어 혀끝에서 맴을 돈다.

 젊게만 보이던 사진 속의 내 얼굴이다. 이제는 어디서 누가 봐도 케케묵은 고목이다. 배만 불뚝 맹꽁이를 닮았다. 바늘을 콕 찌르면 픽하고 바람이 튀어나올 것만 같다. 그래도 아직도 글꼬리 잡으려는 미련이 남았다. 손끝에 달린 연필은 조바심에 쫓기고 몸도 마음도 취한 듯 비틀댄다. 찬 이슬 내린다는 백로도 훌쩍 갔다. 허기져 비틀대는 몽당연필이다. 한 발자국 그려내면 두 발 앞서 흐려진다. 손에 쥐고 싶어 할 말을 찾는다. 빈 종이에 우세당하다 보면 열불이 난다. 이토록 나의 애간장을 태우느냐고, 내 인생이 그리 길게 남았냐고 묻는다. 꼬리라도 쥐여 주면 고맙다고 탁배기에 노래할 것을 잘난 체하며 한 치도 곁을 주려 하지 않는구나. 너 좋으라고 물러서지 않을 것이다. 아무리 인색하게 굴어도 나에게는 든든한 가르침의 보살핌이 있다. 달아나려는 만큼 한발 앞서 발목을 잡으리라. 하나 된 너를 업고 춤추는 날을 고대할 것이다.

노을 길 짧다 한들 멈출 겨를이 없다. 달 따라 별을 세며 한발씩 나아간다. 짝지를 만나러 가기 전에 다시 한번 상석 위에 너를 펼쳐놓고 싶다. 밥보다 책을 좋아하던 짝지. 영어 소설책을 사다주던 심정으로 너를 데리고 가야 한다. 짝지와 오순도순 읽어야 한다. 금잔디 임대주택 울타리에도 사계는 돌아간다. 숨을 쉬는 동안 영원히 시들지 않는 영구 임대주택을 보듬을 것이다. 그곳에 부동산 투기는 없을 건

가. 계산하지 않는 시간 속으로 영원히 들어갈 쯤, 육신의 임대주택도 안정에 들 것이다.

 황혼길 내 멋에 겨워 가련다. 아야, 가는 길 재촉해도 내 버려두지 말거라.

## 술 병病이 곤두서다



문전박대까지는 아니어도 한동안 소홀하게 생각을 했던 것은 맞다. 젊은 날 무질서의 결과인 간이 굳어 한계에 온 듯하다. 때가 되면 되돌아 올것을 잊은 적은 없었다.

사십 대 발병 후 병원을 오가며 관리를 해왔다. 한동안 코로나 팬데믹을 핑계로 잊고 지내 왔다. 그런데 악화되어 돌아온 것이다. 치료약도 없다고 관리나 잘하면서 살라는 검사 결과를 의사가 대변했다. 첨단 기계를 동원하여 노후화된 몸 구석을 헤집는 동안 맘이 몸보다 더 불편하다. 내구연한이 다 되어 성한 곳이 없다. 들추는 만큼씩 늘어만 가는데도 포기가 안된다. 부질없는 줄 알면서도 미련이 남는다. 갈 때 가더라도 깔끔하게 가고팠다.

더 바랄 것도 없다. 각오는 했었기에 왠지 쓸쓸한 생각이 들 만도 한데 이상하리만치 마음은 차분하고 평화롭다. 지금의 순간까지 숨을 쉬고 미처 못 다 한 삶을 마무리할 수 있는 기회를 주는 것만으로도 감사스런 마음이 든다.

 팔십 고개 넘어 덤으로 사는 고목 살이다. 허리 굽은 소나무처럼 싱싱하던 푸르름이 검고 누렇게 뜬 얼굴로 몸이 보채는데 마음은 훌쩍거린다. 흔들리는 잎새 같다. 성난 병에 비록 휘청거릴망정 쓰러지고 싶지는 않았다. 백마를 타고 박차를 가하는 싱싱한 마음은 버릴 수가 없다. 단잠 설친 눈썹 털고 어둠을 비질한다. 다시 책상에 앉았다.

 똑딱 하고 떨어지는 시계추에 몸도 떨어져 고였다. 하현달을 돌아서 실낱같은 그믐달 둘레만 희미하게 남았나 보다. 그런대로 무난했던 삶이었다. 문제는 여기에 그치지 않을 것이다. 몸속 곳곳에 잠복 중인 복병들이 허다하다. 어디 아파 곪아 터질는지 아슬아슬하다. 종합병원 행세를 톡톡히 하는 중이다.

 매지구름 부서져 내리는 굵은 빗줄기의 소용돌이다. 손이 버거워진다. 놓고 싶지 않은 안간힘은 제풀에 풀어진다. 부질없는 욕망을 접는다. 이글대는 태양을 몸 그늘로 가려

주는 소나무의 마음을 닮고 싶다. 별들의 숨소리에 귀를 쫑긋 해본다. 숨차게 살아온 나의 이야기들 이제 나의 귀에 들려온다. 귀는 달렸어도 듣는 데는 멍텅구리인데 가만있으면 마음의 소리가 들린다. 황혼꽃의 시간은 아깝지 않아서 참 편안하다.

나 지금 떨고 있는 걸까? 그건 아니다. 조금씩 멈출수록 안보이고 안 들리던 것들이 다가온다. 그래서 멈추라는가 보다.

'곤두선 술병病'에게 화낼 것도 없다. 너와 나는 한몸이었다. 같이 살고 죽음까지 동행이다. 숨이 멈추는 순간까지 살아갈 것이다. 그 덕에 얻은 술병病과 술병甁이 고맙다. 덜 외로웠으니까, 두꺼비 너 좋아라, 입맞춤 할 때는 허리 잡고 싱글벙글 웃으며 놀리기도 했었다. 술에 텀벙 빠지면 갈지자걸음에 큰대자를 그리며 흥거웠다. 나비 불러 춤도 추었다. 제 키 부쩍 자랐다고 이제 와서 샅바 잡고 나를 넘기려 드는 술병아 고맙다. 나 심심할까 봐 머물러 줘서, 너 아닌 우리가 되어 나비처럼 가볍게 살다 가자고.

짧은 듯 긴 여정이다. 순가락 하나 없이 삶의 터널을 지나 올 때는 고픈 것이 많았다. 그래도 잘 참아냈다. 마지막까지 후회 없는 것은 열심히 살아왔다는 것, 모두가 앞서거니 뒤서거니 피할 수 없는 시간차만 존재할 뿐, 아프면 아픈 만큼 살다 가고, 기쁘면 기쁜 만큼 살다가 가면 될 일이다.

  술병病이 어깨동무를 한다.
  노을의 등 뒤를 밀어대는 별들이다.

# 마음의 문을 열고

 황혼의 길을 간다. 흘러간 인생의 발자취에 남겨진 사연들 주섬주섬 모아 갈무리를 하려 한다. 멍든 가슴에 새겨진 얼룩을 지우지 못하고 불쑥 떠올랐다. 나는 누구일까를 찾아 살아온 틈새를 더듬어 본다. 왠지 무섭고 싸늘한 아버지의 얼굴을 지울 수가 없다. 세월에 가려져 또렷하지는 않다. 야속한 아픔은 마음 한구석에서 눈을 감지 못하고 있다. 마음속에 얽힌 매듭 모두를 풀어내고 남은 인생 홀가분히 살으라 한다.

 꽃피는 봄날이었다. 반겨주는 이 없는 쌍다리 밑에서 툭 떨어진 막내라는 이름이었다. 깡마른 젖꼭지를 물고 메마른 검불이 고향이다. 땀 찌든 광목 적삼 옷고름에 파고들어 하품하는 아궁이의 부지깽이 신세였다. 기댈 곳이 없었다. 아버지의 손길은 싸늘했다. 따듯한 느낌을 받아 본적도 남들처럼 막내라고 귀여움을 받은 기억은 더욱 없었다. 냉정으로 길들여저 시퍼렇게 멍든 가슴에 묻고 한평생을 살아왔다. 한 많은 세월이 너무 길었다. 풀지 못한 수수께끼로 술래잡기를 했다. 삶의 고통이 따를 때 마다 핑계를 대는 무덤이 왜? 의 꼬리를 잡았다.

 일 년을 기다려야 초등학교를 들어갈 수 있는 나이였다. 됫박 소주병을 들고 시도 때도 없는 술 심부름부터 시작했다. 돌부리에 채여 무릎이 깨져 피를 흘려도 술병을 깨는 하루보다는 조용했다. 지금의 택배 조상이다. 톡 쏘는 술맛 끝에 장만하는 어부가 되었다. 콧물이 하얗게 고드름을 달았다. 어구래야 얼기미와 깡통이 전부다. 맨손으로 웅덩이 얼음에 조각을 낸다. 손발은 흙탕물에 얼어붙어도 괜찮다. 눈먼 송사리 한 웅큼에 미꾸라지는 꼭 잡아야 했다. 안줏거리를 만들지 못하면 주렁주렁 매달린 고드름이 벌벌 떨었다.

 일과는 끝나지 않았다. 해거름 그림자가 길다. 키보다 세 뼘은 긴 바지게를 걸머진다. 전문 나무꾼 흉내를 낸다. 대나무 갈퀴가 소나무 숲을 쓸며 간다. 남들이 긁어 간 자리에는 솔잎이 듬성 떨어져 있다. 긁는다는 것보다 줍는다는 표현이 더 어울린다. 차라리 생솔가지를 뚝뚝 꺾어지고 오면 빠를 텐데. 산 감에 잡히면 뺨을 내놓아야 하니 잎새나 긁어대는 수밖에 없었다. 매일 반복되는 나의 일과였다. 인생의 첫걸음을 이렇게 길들여졌다. 가난한 집 아이는 그래야 되는 줄 만 알았다. 이것은 좀 심하다는 마음만이 캄캄한 줄금을 찐하게 그려 놓았다.

거치른 삶의 틈새에서 제길 한 키로 겨우 섰다. 거울 속의 비친 또 다른 얼굴로 태어났다. 세상에 믿을 것은 설익은 빈 주먹뿐이었다. 배고픔의 서러움에 맹물로 배를 채우기 일 수였다. 부족함만 가득할 뿐 예측할 수 없는 내일을 아버지에 대한 핑계로 아슬아슬 외줄 타는 인생이었다. 얼마만큼의 행복과 기쁨을 영유하며 살아야 하는지 그것도 모르면서 설왕 설래 했었다.

햇볕도 식어드니 노을이 된다. 젊음도 그러했다. 몸도 마음도 저무는 그림자가 쏜살 같다. 별을 세며 어둠 속을 방황하는 초조한 마음의 문을 열지 못한 갈등일 수도 있었다. 좌절과 아쉬움을 털고 뒤늦은 기쁨의 열정으로 삶을 승화시키고 불안에 안정을 찾았다. 이제는 모두를 잊고 편안한 마음이 되기로 했다. 아버지의 따듯한 손길을 그리워하지 않아도 된다.

  지나온 발자취를 내려 본다. 모난 돌 발길 채여 아린 눈물이었다. 저만큼 삶 속에 일그러진 나의 초상화다. 갈수록 흔들리는 어깨에 무게를 느끼는 만큼 갈등은 더 무거웠다. 정녕 살아야 할 의무일까를 고민도 했었다. 남이 버린 낮은 틈새에 만족하는 삶의 빛은 언제라도 부족했다. 텅 빈 시려움에 호호 손을 불었다. 주어진 능력의 한계였다. 쪼이고 비틀려진 삶의 고통 모두를 아버지 탓으로 돌리기 일쑤였다. 삶이란 한 계단 위를 보는것이 능사 인줄 알았다. 신나게 달릴 때는 내 탓이었다.

  가파른 숨소리에 귀를 열고 돋보기를 덧씌운다. 거울 비친 얼굴이 나였구나로 어렴풋이 보인다. 삶의 미움도 아픔도 무게를 덜어내 홀가분하다. 파란 하늘 나는 새의 부푼 희망이다. 바람에 흔들리는 입술에 꽃향기를 가득 물고 촉촉한 감촉이 좋다. 이제는 부러움도 아쉬움도 없다.

  황홀한 봄 꿈을 꾼다. 아버지의 따듯한 손길이 나를 보듬어 준다. 너를 진정 사랑했기에 예까지 올 수 있는 지혜와 건강을 주려고 가슴에 따끔한 침을 놓았다고. 그 말씀을 믿기로 했다. 굳게 닫힌 마음의 문을 열고 별 속에 숨어진 아버지를 부른다. 고맙고 감사한 마음은 처음이자 마지막 인사였다. 꼬질한 적삼의 환한 미소다. 역시나 아버지 편이었다. 내가 누구였을까를 조금은 알 듯하다. 좁은 참새 가슴이었다는 것도.

그 옛날 택배의 선구자로 송사리나 잡는 어부로 거기다 전문 나무꾼으로 검게 그려진 줄금을 하얗게 지워 버렸다.

황혼꽃 머리 푸는 향기가 싱그럽다.

해설

| 해설 |

# 황혼에 든 고사목의 여백과 관조의 미학적 독백
### - 정화삼 수필의 진폭

이수정(문학박사 소설가)

## 1.

### 어눌한 고사목과 이정표 없는 외길

인생의 후반부에 접어든 작가가 육백 년을 버텨온 고사목의 인내와 고통과 동시에 자신의 삶을 반추하는 작품은 이미 미학적이다. 허리가 꺾인 채 누워 있는 고사목은 속이 텅 비어도 여전히 그 자리에 남아 자연의 일부가 되어있다. 마치 인생의 끝자락에 선 수필가 정화삼처럼.

작가는 젊은 시절 건강을 돌보지 않았다. 술과 담배로 결국 폐질환과 간 질환이 몸을 망가뜨렸고, 가족과 주변 사람들에게 걱정을 끼쳤다. 결국 건강을 회복하기 위해 술과 담배를 끊기로 결심한다.

> 한발 늦은 후회다. 살아남아야 한다. 뇌리를 스치는 다짐은 시퍼런 칼날 위에 무 자르듯 춤을 춘다. 잡은 술동이가 부서지는 천둥소리에 눈을 뜬다. 니코틴의 원흉인 아리랑도 짓밟았다. 노력하면 이루어진다는 진리를 믿고 싶었다. 술은 그런대로 회수와 양을 줄일 수는 있었다. 담배는 작심삼일로 갈팡질팡이었다. 그러기를 반복하다가 검지와 중지 사이의 누렇게 물든 담배 염색을 말끔히 씻어 낼 수 있었다. 담배를 끊고 얼마 후부터 가래도 기침도 멈추는 거짓말 같은 기적을 얻었다.
> ─「월정사 고사목」부문

남은 삶을 건강하게 살겠다는 다짐은 고사목이 겪은 긴 시간의 고통과 상처를 참고 견딘 모습과 같다. 후회를 통해 새로운 삶을 찾으려 하고, 생명을 품고 있는 자연의 일부가 된 것처럼, 자신도 미래를 위해 노구를 곧추세우려 애를 쓰는 것이나 진배가 없다. 평온과 고요를 찾고 자신의 변화된 삶을 만들어가는 등의 과정들이 고통과 인내를 견디고 남아

있는 존재자로서의 깊은 깨달음에 이르게 한다.

　인간이 가는 길은 누구나 어눌하다. 노년기에 접어들어 느끼는 신체적, 정신적 어려움에도 불구하고, 새로운 배움과 도전하는 작가. 스마트폰이나 수필 쓰기 같은 새로운 것들을 배우고자 하지만 과정은 결코 쉽지 않았다. 스마트폰 한 화면이 축구장보다 넓고 아득하다는 문장이 그러하다. 그리고 수필 쓰기에서 마치 축구를 하다 자꾸 헛발질을 하는 것처럼 서툴고 어렵다. 하지만 그는 글쓰기를 통해 자신의 생각을 끊임없이 표현한다. 때로는 만족할 만한 성과를 얻지 못하고, 작은 성취에 그치기도 하지만, 더 하고 싶다는 욕망이 심지를 돋군다. 글쓰기를 통해 삶을 정리하고 또 다른 수필집을 내고자 하는 욕망은 인생의 마무리를 향한 작가의 열정과 집착을 넘어선 깨달음의 지점이다.

　"한줄기 나이테가 살포시 이마 위에 앉는다"는 구절은 시간의 흐름을 받아들이며 지혜와 성숙을 얻는 작가의 모습이 겹쳐진다. 거북이 걸음으로 길을 가지만, 그 길이 험하고도 높지만, 글쓰기에 대한 도전과 그 과정의 가치를 보여주는 작품은 참 진솔해서 공감이 가게 만든다.

세월이 미는 만큼 일그러진 초상화를 일깨운다. 가는 길 어눌해도 반짝이는 별을 세며 모닥불을 살린다. 장작 태운 불두덩은 빨간 피멍이 물들었다. 글 꽃 피운 향기로 보듬어 주고 싶다. 땀방울에 영글어진 나락처럼 고개 숙인 수필집 하나 더 품고 싶다. 황혼빛 시샘하는 노을 그림자가 발목을 쏙 잡으려 해도 멈출 수는 없다. 등 밀어 재촉하는 세월이다. 생각이 때때로 길을 잃고 헤맨다. 이정표에 물어도 답이 없다. 홀로 찾아야 하는 외롭게 가는 길이다.

-「가는 길 어눌해도」부문

작가가 가는 길은 외로운 길이며, 때때로 이정표에 물어도 답이 없다는 의미다. 인생은 스스로 답을 찾아야 하는 고독한 여정임을 역설한다. 서툴고 어려운 길을 가면서도 포기하지 않고 꾸준히 노력하는 모습에서 나이가 들면서도 성장을 멈추지 않으려는 그의 열정은 나이에 구애받지 않는다. 작품 전체에서 느껴지는 끈기와 도전정신은 나이 듦은 그저 숫자에 불과하다는 것을 여실히 드러낸다.

## 2.

## 시들지 않는 황혼과 굽어가는 그림자와 소슬바람

 겨울에서 봄으로 넘어가는 시기는 생명이 피어난다. 그 안에서 살아가는 노년의 성찰과 자연의 순환은 인생의 의미를 되새기게 만든다. 팔십 평생을 살아온 작가의 삶은 마치 겨울의 눈처럼 쌓여 왔으나 이제는 봄을 맞이할 준비를 해야 한다. 남산골 도서관에서 공부를 하고, 눈 속에서 살아가도 지혜와 열정은 식지 않았지만 동시에 젊을 때처럼 빠르게 배우거나 변화할 수 없는 현실이다. 또한 고향을 찾는 여정 역시 단순한 여행이 아니라 과거의 기억을 거슬러 올라가는 도정이 된다. 특히 형수와의 대화에서 세월의 흔적이 짙게 묻어있다.

 그 옛날 흑담집 초가는 간 곳이 없다. 큰댁에 들어있다. 아이들은 참 오랜만에 왔다. 형수에게 세배를 드렸다. 그 얼굴에 젖은 눈물자욱은 세월에 파먹혀 일그러진 삶의 흔적이었다. 산자락에 붙은 따미밭 지갑을 골라내던 손도, 대갈퀴로 긁어대던 불쏘시개 검불도 지금에 와서는 갈퀴손이 되어 웅크리고 있다.

　　가족이 살아온 역사의 꼬리나마 기억을 살릴 수 있는 사람은 형수와 나뿐이다. 당장이라도 숨을 쉴 수 없다면 전설은 영원히 잠들 것이다. 허무가 고개를 든다. 그래도 겨울은 가고 봄은 또 온다. 황혼꽃은 더 시들게 없다. 튤립도 하얀 이불을 벗어내고는 봄나들이 간다. 꽃샘바람도 싱그럽다.
　　　　　　　　　　　　　　－「황혼은 더 시들게 없다」부문

　형수와 자신만이 가족의 역사를 기억할 수 있는 마지막 세대라는 현실은 허무하다. 하지만 황혼의 끝자락에서 더 이상 시들 것은 없다는 표현은 여전히 황혼의 불꽃처럼 선명하게 가슴에 남는다.

　소슬바람 불어오며 작가는 김장 김치를 통해 시간의 흐름과 인생의 변화를 이야기한다. 지난해 만든 김장이 이제는 묵은지가 되었고, 소슬바람이 불며 맛이 더욱 깊어진다. 처음에는 날김치 같은 신선한 것이 더 좋았던 그의 입맛이 이제는 묵은지처럼 깊이 익은 맛을 좋아하게 되었다는 것은 아직도 성숙해져 간다는 의미이다. 빨리 성취하고 결과를 얻고자 했던 마음이 이제는 천천히, 깊게 익어간다.

> 하늘빛 닮은 김장배추 밭두렁에 나래 편다. 구월의 한낮 볕이 따끔따끔 가시침을 쪼아댄다. 펑퍼짐한 엉덩이 또아리를 틀고 있다. 서릿바람 옷깃 여미고 수은주 콜록 소리 콧물을 훌쩍거린다. 질끈 맨 머리띠는 엊그제 알곡을 털어낸 볏짚이었다. 노란 살 보듬어 오동통 살찌웠다. 동짓달 상강 꽃 허리 두른다. 아람으로 자란 배추는 바라만 보아도 배가 부르다. 이웃집 아낙의 도움으로 김장김치 담그는 흉내를 냈다. 씨 뿌려 가꾸면서도 설마 했는데 하면 된다는 기적을 만들어내었다.
> ―「소슬바람 불어오니」 부문

그는 과거에 농지를 소유하고 농사일을 해보았다. 처음엔 서툴고 어려웠지만, 노력 끝에 김장 배추를 가꾸고 수확을 해냈다. 단순히 노동이 아니라, 인내와 노력, 그리고 자연과 함께하며 얻는 기쁨을 노래한다.

소슬바람은 겨울이 다가오고 있다는 자연의 신호로 황혼기의 상징이다. 그저 쓸쓸하고 차가운 바람이 아니라, 묵은지의 깊은 맛을 느끼게 해주고, 개운죽에 물을 주며 생명을 돌보게 하는 긍정적인 힘을 지녔다. 자연의 변화와 삶의 흐름 속에서 작가는 자신의 존재를 인정하고, 배움과 도전을 통해 여전히 성장하고자 한다. 계속해서 성숙하고 발전해 나가는 과정을 담은 글편들이 아름답다.

## 3.

### 까치소식을 전하며 별이 된 흔적들

세상의 소통 방식은 점점 변화하고 있다. 편지에서 전화, 그리고 휴대폰에서 스마트폰으로 넘어왔다. 누구나 쓰지만 누군가에게는 어렵기 그지없다.

작가는 카카오톡이나 스마트폰을 통해 소식을 전하고 받는 역할을 맡고 있다. 그 역시 처음 스마트폰을 접했을 때의 막막함과 어려움을 겪었다. 하지만 익히고 소통하며 변화하는 세상에 나아가고자 한다.

나이가 들어갈수록 혼자 생활하는 내가 갑작스러운 변고가 생길까 하는 아이들 걱정을 덜어주려고 '병아리 삐약삐약'이라는 톡방을 만들었다. 눈을 뜨면 내가 숨 쉬고 있음을 알려주고 답을 받는다. 고독사로 장시간 방치되는 민폐는 피하려 한다. 살랑살랑 까치 소식 귀간지는 봄바람이다.

—「까치 소식」 부문

'병아리 삐약삐약' 톡방은 그가 세상과 소통하는 수단이며, 여전히 가족들과 연결되어 있다는 것을 확인시켜 준다. 혼자 살아가면서도, 민폐를 끼치지 않기 위해서다. 매일 아침 자신이 살아있음을 알려 안심시키고, 고독사와 같은 불행을 피하고자 몸부림친다. 기술의 발전이 때로는 어렵게 느껴지지만 그것을 받아들이는 작가는 유머러스하고 긍정적이다. 그는 살아가며 수십 차례 익숙해진 것이 바뀌는 것을 체감했을 것이다. 하지만 그의 뚝심 있는 의지는 현재진행형이다.

수필가라면 글이 곧 흔적이다. 그는 삶의 중요한 순간, 가족, 인연, 그리고 지난 세월을 글로 남기려 한다. 자신이 쓴 수필집 『단풍 붉든 노신사의 풍류 노트』를 선물하며, 축하와 인연의 자리에서 과거를 반추한다. 다양한 사건과 만남, 어려움 속에서 자신이 남긴 것. 작가는 그 흔적들이 자신이 살아왔던 삶의 궤적이라 말한다.

그는 과거에 연상인 여인과 사랑을 나누고, 결혼에 이른다. 암울했던 시기여도 가정을 이루고 결혼은 그저 사랑의 결과물이 아니라, 수많은 장애물과 싸우며 이루어진 결실임을 깊이 새겨준다. 하지만 동시에 가족에게서 느꼈던 상처와 배신감도 뒤따랐다. 그는 "약삭빠른 배신감에 김빠진 맥주만 벌컥대"며 스스로를 달랜다. 사랑과 신뢰로 이끌어 온 삶 속에서도 허무함은 찾아오기 마련이다.

    짝지의 몸은 가냘팠다. 마음은 큰 나무 그늘이었다. 부모와 형제에게는 극진한 사랑의 표상이었다. 친정집 먼 인척들까지 포용했다. 대접이었다. 물심양면으로 베풀 줄만 알았다. 후일 돌아온 것은 배신이었다. 본인이 병들어 아파할 때는 낯가림이 심했다. 짝지가 떠나고 난 후에 나는 아예 문을 닫아 버렸다. 그토록 가깝다고 존경하던 이종사촌 오빠라는 위인이었다.
    ―「흔적을 남긴다는 것은」 부문

세월이 흘러 그는 자신이 살아왔던 삶의 터전을 마주한

다. 시간의 흐름을 실감하는 순간, 변해버린 동네와 자신의 인생을 대조한다. 과거의 기억 속에 남아있는 인연들과 현실 속에서의 소외감이 짙게 깔린다. 하지만 자신의 흔적이 글로 남아있다는 사실에 안도하며 작은 별처럼 소박하고 고요하게 남기를 바란다. 이제 그는 과거의 상처와 기쁨을 모두 받아들이며, 담담하게 남은 길을 걸어가고자 한다.

## 4.

### 마지막까지 쉼터로 서 있는 안 돈바리

주인공인 '안 돈바리'는 한때 가정을 책임지며 열심히 살아왔지만, 이제는 경제적 능력도 사라지고 아내에게 의지하는 '삼식이'의 신세가 되었다. '돈바리'는 돈이 많은 부자가 아니라, '안 돈바리'처럼 돈이 없는 사람을 놋하는 반어적인 표현이다. 그의 별칭인 '안 쩐바리'는 더 나아가 돈이 거의 없는 상태, 즉 궁핍한 상황이다. 젊을 때는 '삼식이'가 아니라, 존경받는 이었으니, 하얀 정장에 빨간 타이를 매고 멋을 부리던 시절도 있었다. 하지만 이제는 경제적 능력도 없고, 가정 내에서도 존재감이 줄어든 처지는 집안에서 소외된 가장의 처량함이 쓰리게 다가온다.

어느 날 그는 꿈속에서 미모의 여인에게 유혹을 받는다. 과거에 자신을 흠모했던 여인으로, 이제는 부자가 되어 거액의 돈을 제안한다. 꿈속에서 잠시나마 '돈바리'가 된 듯하지만, 현실에선 아내에게 뺨을 맞고 낙담한다. 하지만 자신의 처지를 비관하지 않고, 오히려 이를 가벼운 웃음으로 넘긴다.

마누라 손이 찰싹 뺨을 친다. 순간 꽝 하는 소리와 함께 낮잠이 침대에서 꼴까닥 떨어졌다. 이 꼴을 본 마누라 딱하다는 듯 혀를 끌끌 찬다. 으이그 화상아 멀쩡한 대낮에 뭔 개꿈을 꾸다 떨어지고 난리야, 당장이라도 빗자락 몽둥이가 날아들 기세다. 벼락치는 천둥소리에 기죽은 자라목이 숨어 버렸다. 꿈속에 이루어진 사연도 모르면서, 웃음이 배실 댄다.
―「안 돈바리」 부문

삶의 작은 즐거움을 찾아가는 모습으로 "안 돈바리"는 이제 성취를 기대하기보다는, 작은 일상 속에서 만족을 찾고자 하는 인물이 된다. 그는 경제적으로나 사회적으로나 무

기력한 상태에 처해 있다. 하지만 오히려 유머로 승화시키며, 중년 이후의 삶을 유쾌하게 그리고 있다.

작가는 중년 이후의 잘못된 선택들과 후회를 되돌아본다. 과거에 음주와 흡연에 중독되어 자신의 건강을 해치고 후회와 고통을 마주한다. 동시에 가족에게 큰 고통을 안겨주었다. "마셨다기보다 부었다"는 문장으로 보아 단순한 즐거움을 넘어서 파괴적이었으며, "하루에 세 갑씩" 피운 담배는 폐질환으로 이어졌다. 그제야 잘못을 깨닫고 술과 담배를 끊으려 한다. 특히 담배를 끊는 중 느낀 "거짓말 같은 기적"은 자신의 건강을 되찾기 위해 얼마나 힘든 싸움을 했는지를 암시한다.

한발 늦은 후회다. 살아남아야 한다. 뇌리를 스치는 다짐은 시퍼런 칼날 위에 무 자르듯 춤을 춘다. 잡은 술동이가 부서지는 천둥소리에 눈을 뜬다. 니코틴의 원흉인 아리랑도 짓밟았다. 노력하면 이루어진다는 진리를 믿고 싶었다. 술은 그런대로 횟수와 양을 줄일 수 있었다. 담배는 작심삼일로 갈팡질팡이었다. 그러기를 반복하다가 검지와 중지 사이에 누렇게 물든 담배 염색을 말끔히 씻어 낼 수 있었다. 담배를 끊고 얼마 후부터 가래도 기침도 멈추는 거짓말 같은 기적을 얻었다.
  　　　　　　　　　　　　　　　－「핑계 그리고 쉼터」 부문

 오대산 월정사의 잣나무는 속은 텅 빈 상처의 아픔에도 여전히 서 있다. 죽어서도 다람쥐의 쉼터가 되어주는 나무는 작가가 죽음을 받아들이고, 남은 가족들을 위한 쉼터가 되겠다는 결심을 보여준다. 그는 가족에 대한 깊은 애정도 아끼지 않는다. 두 딸과 손주들, 사위들까지 함께하는 모습을 상상하며 넘침도 부족함도 없이 함께하는 순간을 기대한다. 후회와 회한을 넘어서 평온과 안식을 추구하는 작가는 시간이 지나도 여전히 굳세다. 작가의 살아온 내력만큼의 언어로 차지고 구성진 수필이다.

 오지랖이 넓은 나이가 되면 모두 오지라퍼가 되는 것일까? 작가는 두 친구 'K'와 'S' 사이의 불화를 풀어주고자 한다. 자신의 행동이 오지랖이라는 것을 알고 있지만, 화해하기를 바라는 진심을 숨기지 않는다. "또 하나의 나이테를 감아 넘긴다"는 작가는 남은 시간이 많지 않아도 친구들과의 관계를 소중히 여기며, "남은 시간 멀지 않다"는 문장은 그의 인생이 끝을 향해 가고 있음을 담담하게 받아들인다.

우정과 벽 사이는 적당히 벌어져야만 했다. 넓으면 골만 깊어지고 건널 수 없는 강이 된다. 쌓은 정 잃기는 쉽고 되잡으려면 달아난다. 그 얼굴들에 미소를 보여준다. 하루살이 먼동이 눈감으면 별을 센다. 시계는 잠들어도 시간은 가고 있다. 남은 시간 멀지 않다.

―「오지랖이 넓다」부문

두 친구의 싸움은 단순한 오해에서 시작되었지만, 감정이 깊어지고, 관계는 점점 멀어진다. 작가는 두고 볼 수 없어서 나서지만 너나 잘하라는 핀잔만 돌아온다. "벽과 벽 사이는 적당히 벌어져야만 했다"는 문장에서 너무 가까우면 오히려 관계가 깨어질 수 있음을 상기시킨다. 그는 "오지랖을 펼친다"는 말을 반복하면서도, 친구들이 화해하는 그날까지 포기하지 않겠다는 의지를 불태운다. 노화는 자연스러운 과정이며, 그 안에서는 회상, 성취감, 인간관계와 활동의 즐거움을 느낄 수 있는 기회를 제공한다. 작가는 "영원으로 가는 남은 생 후회 없이 살고자 한다"고 다짐하며, 친구들과 함께 웃으며 평화로운 노년을 보내고 싶다는 소망을 가진다.

작가들은 모두 바람 부는 길 따라가는 것이 황혼일 것이다. 그는 새벽부터 출발하여 남쪽으로 향하는 여정을 떠난다. K라는 막내동생의 주선으로 남해안 일주를 계획했고, 영광 백수 해안도로, 법성포, 목포 유달산, 진도, 완도, 여수 등 다양한 남해안의 명소들을 돌아다닌다. 또한 억새, 서릿꽃, 바람, 파도 같은 자연적 요소를 묘사해 도시에서는 느낄 수 없는 정취를 선사한다. 게다가 여행기에서 그치지 않은 글이 한쪽에 치우쳐 있지 않다. 여행 중 만난 이들과의 교류도 빼놓을 수 없다. 예전 목포에서 만난 포장마차 주인의 인심, 여수항에서의 탁배기와 생선 요리 등 어디를 가든 느껴지는 따듯한 인간미가 푸근하다. 작가에게 남해안에서의 경험은 삶의 순간순간을 돌아보는 기회일지도 모를 일이다.

철썩이는 파도 소리가 귀를 간질인다. 도로와 달리기 경주를 한다. 사백여 킬로를 허겁지겁 달려온 길. "목포는 항구다". 바람이 철썩 파도의 뺨을 때린다. 마음이 설렌다. 몇 번이나 오간 곳인데 매번 눈이 새롭고 호화롭다. 포장마차에서 앞치마를 두르고 상냥한 미소로 정을 쥐어 주던 그 여인이 보고 싶다. 칵 쏘는 보해 소주잔에 박대 구운 맛 목에 걸친 포근한 인심이었다. 현대 물결이 스쳐가는 지금은 정에 겨운 숨결을 찾아볼 수가 없다.

―「바람 부는 길 따라」 부문

 그는 여행을 통해 마음속에 쌓인 무거움을 풀어내고, 자연과 사람에게서 위로와 새로움을 얻었다. 따뜻한 감성과 섬세한 자연 묘사가 돋보이는 이 글은 독자들에게 여행의 의미를 다시금 생각하게 한다. 스스로 얻은 기쁨을 노래하는 그는 유유자적하다.

## 5.

### 숨 쉬는 공장이 되어

 작가는 자신의 몸을 '숨 쉬는 공장'에 비유한다. 공장의 사장이지만, 언제든 신의 부름에 따라 이 공장이 멈출 수 있음을 알고 있다. 그때까지는 잘 관리하고 유지하는 것이 자신의 책임이라고 말한다. 그리고 장기 기증을 통해 죽음 이후에도 새로운 삶을 이어가고자 한다. 그에게 장기 기증

서약은 새로운 삶을 누군가에게 줄 수 있는 나눔이자 결심일 것이다.

   누구라도 영혼이 떠나간 후에는 육체의 덩어리로 남는다. 마지막 흙으로 보내야 하는 예식의 절차다. 소홀한 생각으로 남겨준 무관심으로 가족들의 슬픔과 고통이 배가 되는 것은 문제다. 아무리 빌려 쓰던 것을 돌려주고 간다고 해도 주는 자에 대한 최소한의 예의는 지켜야 한다. 사용할 수 있는 부분을 쏙 빼고 헤쳐 놓은 빈자리를 원상 복구할 수는 없겠지만 깔끔하게 마무리는 해야 하지 않았을까?
―「숨 쉬는 공장이다」 부문

그는 과거에 신앙에서 멀어졌지만, 다시 돌아오며 삶을 되돌아보는 기회를 얻었다. 나이가 들면서 육체가 노화되어 가지만, 나눔과 사랑을 실천하려 한다. 그는 죽음 이후에 육체가 단순한 '덩어리'로 남을지라도 또 다른 생명을 꽃피울 수 있도록 준비한다. 언제든 죽음을 맞이할 준비가 되어있다. 심지어 불안한 상황에서도 미련이나 두려움 없이 받아들인다. 죽음 자체를 두려워하기보다는 충실하게 살아가려는 삶의 태도가 초연하다.

준령에 서는 때는 언제쯤 일까? 그는 욕망과 허세를 버리려고 결심했지만, 마음속에서는 여전히 성취를 향한 열망이 남아있다. "허욕 뒤에 따르는 허망"이라며 그는 인생의 목표를 이루기 위한 갈등과 고민을 가지고 있다. 그러다 준령에 오르겠다는 결심을 한다. 나이가 들수록 느껴지는 인생의 깊이와 함께 작가가 바라보는 인생의 풍경은 사뭇 다르다. 시각적으로 표현한 가을의 단풍, 귀뚜라미 소리, 다람쥐의 움직임, 그리고 노을과 그믐달은 그의 글 한쪽을 풍경으로 채색한다.

단풍잎 울긋불긋 시야를 가로지른 화려한 불꽃놀이다. 몸부림은 팔짱 낀 아름드리 산밤나무 같다. 한여름 뙤약볕에 까맣게 그을린 무더위를 훌훌 벗는다. 다람쥐 좋다고 연기 없는 아궁이에 알밤 구워 저녁상을 차린다. 나 잡아 봐라 까꿍. 노을은 달빛 뉘고 준령은 귀뚜라미 자장가 소리 베고 눕는다. 꼬리라도 잡으려는 생각은 호롱불을 앞세우고 눈는 술래가 된다. 또 한 줄 나이테가 허리를 슬쩍 감아 돌면 황혼의 꽃향기도 새들거린다.

「저 준령에 서고 싶다」 부문

"하늘 나는 새들이 부럽지 않았다"는 그는 첫 성취에 대한 자부심을 느끼면서도, 동시에 또 다른 꿈을 향해 나아가고자 갈망한다. 작가는 글을 쓰는 고통과 즐거움에 "연필이 종이를 잡고 푸하하" 웃는다. 또한 나이는 단순한 숫자에 불과하다며 문학적 준령을 향한 도전을 포기하지 않는다. "남은 인생 중 가장 젊은 오늘을 사랑한다"는 작가는 마음가짐부터 경외감이 들게 한다. 현재의 순간을 소중히 여기고, 황혼기의 삶에서도 즐거움과 행복을 찾으려는 노력이 돋보인다. 야물게 살아온 야무진 언어들이 빚어낸 수필은 새로운 질감으로 다가온다. 이와 함께 "문학의 준령에 서고 싶다"는 목표는 인생을 살아가는 것 이상으로 문학을 통해 자신의 삶을 더욱 깊이 이해하고자 하는 열망을 보인다.

우리 모두 영구 임대주택이다. 인간이 머무는 장소와 삶의 종착지는 어디일까. 작가는 '영구 임대주택'이라는 제목을 통해 죽음 이후의 안식처와, 남은 삶을 정리하며 떠나는 과정을 그려내고 있다. 살아있는 동안에는 임대하듯이 머무는 집과 달리, 죽음 이후의 집은 영원히 머무는 장소이다. 주거지라는 개념을 넘어, 삶과 죽음을 대하는 철학이 성숙하면서도 울림이 있다. 산속에 자리한 묘지, 철 따라

피고 지는 꽃, 금잔디, 할미꽃 등의 자연을 묘사하면서 죽음은 두려운 것이 아니라 자연의 일부임을 강조하며 인식의 저평을 열어나간다. 혼자 살면서 둥지에 대한 품위를 잃지 않는 모습은 고귀하다.

> 꽃 필 때 달려오고 단풍 업고 찾아온다. 금잔디 깔고 누운 허리 굽은 할미꽃 찾아온 기척에 입술 방긋 반겨준다. 문패를 두드려도 주인은 모른 채 얌전히 자란 금잔디만 반긴다.
> ―「영구 임대주택」부문

그는 자신의 가족, 특히 먼저 떠난 아내를 회상한다. 가족사진에서 생전의 행복했던 시간을 추억하고, 아내가 누워 있는 금잔디 묘지를 찾으며 위안을 찾는다. 죽은 이들은 말이 없다. 하지만 그들의 존재와 기억은 여전히 살아남은 자의 마음속에 자리하고 있다. 또한 작가는 글 쓰는 행위와 삶의 마무리를 연결 짓는다. "몽당연필"로 묘사된 연필처럼 손도 떨리지만, 여전히 삶의 의미를 찾고자 생이 끝날 때까지 창작을 포기하지 않겠다는 문학인의 면모는 잃지 않았다. 죽음을 맞이하는 과정에서도 평온함을 유지하며, 아내와 다시 만날 날을 기다리는 마음은 한편으로는 쓸쓸하기도 하다. 순응과 수용. 어쩌면 인생에서 그가 전달하고자 하는 것은 저 두 단어가 아닐까?

순응과 수용!

인생의 황혼기를 맞은 작가의 일상, 과거의 추억을 통해 삶의 변화가 감지된다. 봄을 맞이하는 작가는 눈의 무게로 일상의 무거움을 그리지만, 폭설이 쌓여 눈에 갇힌 듯한 현실 속에서 인생의 무게와 연결시킨다. 이는 시간의 흐름에 따라 육체와 정신이 변해가는 자신을 인식하는 순간이자 인생의 끝자락을 맞이하며 느끼는 허무함을 나타내지만, 동시에 그 속에서 다시 돌아오는 봄과 자연의 회복을 통해 희망을 찾는 지점이다. 새로운 회복의 가능성을 암시하는 작품은 자연의 순환 속에서 생의 희망을 보는 노련한 삶의 발자취로 그윽하다. 인생의 끝자락에 다다른 우리 모두에게 자연의 순환 속에서 발견한 희망, 그리고 가족과 과거에 대한 회상과 애정을 마지막 순간까지 간직한 우련짙은 황혼꽃의 향이 곱다.

## 수정샘물 연보

| | |
|---|---|
| 2014년 7월 17일 | [오후의 그리움 1집] |
| 2015년 12월 1일 | [오후의 그리움 2집] |
| 2016년 12월 16일 | [오후의 그리움 3집] |
| 2017년 12월 22일 | [오후의 그리움 4집] |
| 2018년 10월 24일 | [오후의 그리움 5집] |
| 2019년 11월 30일 | [오후의 그리움 6집] |
| 2021년 12월 20일 | [저널문학가 동행 1집] *Journal Writer's Companion* |
| 2022년 11월 11일 | [저널문학가 동행 2집] *Journal Writer's Companion* |
| 2023년 10월 25일 | [저널문학가 동행 3집] Journal Writer's Companion |
| 2024년 10월 16일 | [저널문학가 동행 4집] Journal Writer's Companion |

정화삼 수필집
**황혼은 시들지 않는다**

초판 1쇄 발행 2024년 11월 20일

지 은 이 정화삼
발 행 인 이수정
디 자 인 이가민

**펴 낸 곳 수정샘물**
**출판등록** 관악, 사0020
**주　　소** 서울시 관악구 성현로80, 107-2001
**대표전화** 02.3285.5668
**전자우편** armangcau5205@gmail.com

I S B N 979-11-968683-8-3 (03800)
정　　가 20,000원

Copyright ⓒ 정화삼 2024. Printed in Seoul, Republic of Korea.
· 이 책은 저작권법에 따라 보호받는 저작물이므로 무단전제와 무단복제를
금지하며, 이 책 내용의 전부 또는 일부를 재사용하려면 반드시 저작권자와
수정샘물출판사의 서면 동의를 받으셔야 합니다

파본이나 잘못된 책은 구입처에서 교환하여 드립니다
한국간행물윤리위원회의 윤리강령 및 실천요강을 준수합니다